はじめに

東京で主にデザインの仕事をしてきた私たちが、美しい棚田が広がる中山間地の雪国、越後妻有（新潟県十日町市〜津南町）に2012年の夏、「山ノ家」という第二の拠点を持つきっかけになったのは、かねてより「大地の芸術祭 越後妻有アートトリエンナーレ」を訪れていたことがあり、この土地に対しての興味をおぼえていたことがきっかけでした。

東京・清澄白河の拠点「gift_lab GARAGE」は私たちのデザイン事務所とギャラリーやイベントスペースにもなるカフェ、新潟・十日町市松代の拠点「山ノ家」は一軒家の小さな宿とカフェ。

二つのまったく異なる背景の地域で異なる生業（なりわい）を営み、暮らしが展開する自分たちの行き交いを「ダブルローカル」と呼び始めたのは「山ノ家」をスタートさせて間もない2012年の秋のことでした。

2015年に開催された「大地の芸術祭」で始動した芸術祭の新たな拠点「奴奈川キャンパス」では、主要5教科以外の「美術」「音楽」「体育」「家庭科」などに、生きるために必要な授業としてスポットが当てられ、私たちはこの書籍にもトークゲストとして登場する荒井優さんとともに「家庭科」の授業をつくることになりました。

廃校になったばかりの小学校の給食室を舞台に「GAKUSYOKU」というサトとマチのごはんを楽しむカフェテリアを運営させていただくとともに、授業のひとつとして企画したのが「地域×カフェ×つくる」という連続トークイベントでした。

「場所に出会う／場をつくる」「カフェのコンテンツを紡ぐ」「地域とつながる／状況をつくる」、設定した3つのテーマに対して、私たちとご縁のある興味深いトライアルを実践されている7組の方をトークゲストに対話が展開しました。

このリレー対話をより多くの方々に共有できないかという思いから、出版化を考え始めたのが3年後の2018年。

そのためにまず、2015年の対話の書き起こしを囲んで、同じトークゲストと「公開校正トーク」をやってみようということになりました。

2015年の対話は越後妻有 奴奈川キャンパス「GAKUSYOKU」で、2018年の対話は東京 清澄白河「gift_lab GARAGE」で、それぞれ行なわれました。

この時点では、じつはまだ本のタイトルは未定でした。

出版化が本格的に進んだのは2019年。この本に与えるタイトルとして、「ダブルローカル」を推してくれたのは前述の「家庭科」の授業としての連続トークのコーディネートをサポートしてくれた瀧内貫さんでした。出版化を提案して背中を押し続けてくれたのも彼でした。

この「対話」で成立している本のプロローグとエピローグも、「対話」として、プロローグは「gift_lab GARAGE」で、エピローグはトークゲストの一人である菊地徹さんが主宰する長野・木崎湖の「ALPS BOOK CAMP」で2019年の夏に行われました。そして夏から秋には、この出版化のためにクラウドファンディングも実施。

ようやく一冊の本としてかたちになりました。

「ダブルローカル」というタイトルを冠しましたが、トークゲストの方々との対話のテーマはどちらかというと地域で拠点をつくったり活動をしたりすることなどで、「ダブルローカルとは何か」といったことの明確な定義づけや、誰もがダブルローカルを始められるためのノウハウについて具体的に語っている部分はそれほどないかもしれません。

その代わりにという訳ではないのですが、私たちが不思議な縁により授かったこの生き方、「ダブルローカルとは？」を問い続けるプロセス自体がこの本に内包されています。

そんな私たち自身の、そしてトークゲストの方々との対話によって語られた言葉たちが、誰かの日常や日々の生き方への視点を変えてみるきっかけになれたとしたら嬉しく思います。

この本の始点となったリレートークを支えてくれたみなさま、出版化を支えてくれたみなさま、私たちのダブルローカルの出発を支えてくれたみなさま、行き交いを温かく見守ってくれているみなさま、すべての方々に心からの感謝を込めてこの本を捧げます。

2020年2月
後藤寿和と池田史子（gift_／山ノ家）

「gift_」
(ギフト)

後藤寿和と池田史子が2005年に立ち上げたデザインユニット。空間・インテリアのデザインを軸としながらも、物理的にハコ、モノをつくることのみならず、プロジェクトおよびコンテンツの企画制作、運営等も含めて、すべてを「場」「状況」のデザインととらえ、多面的な視点で、新しい価値を生み出したいと考えている。

デザインワークとカフェ&宿屋の兼業生活。後藤はコーヒーを淹れ、池田はキッチンに立つ。それぞれの「場」を運営しながら、拠点企画や地域交流ごとに関わっている。

2005年、東京・恵比寿にデザイン事務所兼ギャラリーショップ「gift_lab」を設立。

2012年、新潟県十日町市の松代にある民家をリノベーションし、多拠点ワーク&ライフスタイルの実験の場として、カフェ&ドミトリー「山ノ家」を始動。

2014年、東京の拠点を清澄白河に移し、カフェを併設した「gift_lab GARAGE」をオープン。2016年春より自由大学にて、「gift_」として講義「未来を耕すダブルローカルライフ」を行う。

後藤 寿和
(ゴトウ トシカズ)

デザインユニット「gift_」の空間デザイナー。商業空間、オフィス空間、個人邸など幅広く空間や家具などのデザイン監修、設計を手がけると同時に、デザインイベントの空間構成・環境演出なども多面的に携わる。

池田 史子
(イケダ フミコ)

デザインユニット「gift_」のクリエイティブディレクター。展覧会やイベントの企画制作、空間デザインのコンセプト立案やスタイリング等を手がける。デザインだけでなくアートの領域からもボーダーレスなキュレーションを行う。

@Nao Tadachi

東京・清澄白河「gift_lab GARAGE」

新潟・十日町市松代「山ノ家」

@Masayuki Hayashi

@Masayuki Hayashi

目次

2019/06/28@gift_lab GARAGE ｜プロローグ

東日本大震災後、都市への考え方の変化が生まれた

話し手：後藤寿和、池田史子
（「gift_lab GARAGE」「山ノ家」主宰）

後藤：デザインユニット「gift_」（ギフト）の後藤と池田です。本業はインテリアデザインや空間デザインの仕事がメインですが、ひょんなきっかけで２０１２年に、

池田：「大地の芸術祭」で知られている新潟・越後妻有にご縁ができて、一軒家の一階にカフェ、二階に宿屋という「山ノ家」をやることになって、それまで恵比寿・中目黒あたりを拠点に事務所を構えていたんですが、ローカルの面白さに気づいて、

後藤：東京の東側に拠点を移そうと、恵比寿から清澄白河に移ったのが２０１４年ですね。以前はデザイン事務所兼ギャラリーショップだったのですが、新たにカフェを併設した「gift_lab GARAGE」を始めたんです。

池田：「山ノ家」を始めたことで、自分たちが拠点としていた東京以外の場所にも、生業でもあり住処でもある場所を持ったわけです。当初はどうして完全移住じゃないのかと地元の人に聞かれたりもしたんですが、半移住というか、どっちも自分たちにとってオンであってオフじゃない、という答え方をしてました。

ここ最近、急速にノマディックな働き方をする人が増えてきたと思うんですが、そうした動きともまたちょっと違うのかなと思うし、週末だけオフにするための二拠点生活ともちょっと違うなと感じているんです。

後藤：ある時点で、池田が「ダブルローカル」と言い出して、

@Nao Tadachi

池田：二つのオンの場所を持つってことですね。今まで自分の生業だと思っていたのとはまた違う生業を始めたり、生業をしながらそこを生活の場にもしているという、生活という意味でも仕事という意味でもオンの場を複数持つことを「ダブルローカル」と表現してみたんです。

後藤：複数の開く場所を持つ、あるいはもう一つの暮らし、もう一つの生業をつくるというか、

池田：アナザーライフでもオルタナティブライフでも、オルタナティブワークでもいいんですが、単に休息とか観光とかではなく、どっちの場所も本気です、という。

そもそも恵比寿でデザイン事務所をやっていた私たちが、なぜもう一つの場所を持つに至ったのかを、具体的に話してみましょうか。

後藤：独立する前、僕らはふたりとも、次世代の価値観を示唆するようなデザインやライフスタイルを日常に提案していくIDÉE（イデー）というデザインカンパニーに所属していて、当時はエッジの尖った発信をすることが自分たちのミッションのようなもので、都市で生活することが当たり前だと思っていた。もっとこういう考え方があるんじゃないか、こういう価値観もあるんじゃないかと考えるのが面白いと思っていたんです。

池田：新しい価値観や美意識、次のかたちを見つけること。次は何だ?、次はどこへ?という感じで。いわゆるインテリアデザイン、家具デザインを主軸としていたカンパニーだったのですが、1999年から2000年頃、まさに世紀が移り変わるタイミングで、年に一度、デザイン界を牽引する気鋭のデザイン、ライフスタイル、視点といったものの発表の場をつくったんですね。港区とか渋谷区、目黒区あたりの先端的な場所、100カ所くらいを会場にして。

後藤：都市の中で隙間を探して、

池田：カフェやファッションブティック、セレクトショップの一隅や駐車場といった場所、取り壊し直前のプラネタリウムや高架下まで。そうした場所を会場としてお借りして、200組を超えるクリエイター、デザイナー、表現者、個人あるいはチームやカンパニーが、同時多発にそれぞれの新しい作品の発表をする。こうした場やプロジェクトづくりのディレクションチームの一員として5年ほど社内で担当して、その後独立してからも、それを引き継いだ形の別のイベントにも3年ほど携わらせていただいたかな。

後藤：「TDB（東京デザイナーズブロック）」と、「DESIGNTIDE（デザインタイド）」。（※1）いわゆるデザインイベントですね。

池田：先端的なもの、次に来るものを「都市の中の都市」で繰り広げること、先端的な人の行き交う場所で先端的なことをやる、そのうねりとか熱みたいなものを楽しんでいました。

東京・青山の国連大学など、現在は週末になるとファーマーズマーケットなどで賑わっていますが、外に対して門戸を開いたのはTDBが初めてだったと聞いています。そんなふうに風穴をあけて何かを起こしていくこと、新しい時代の価値観を発信していくモノやコトのキュレーションや展示のサポート、映像や音楽のイベントづくりなど、大変でしたが楽しかった。2000年代初頭としてはかなり頑張ったと思うのですが、各会場での様子を実況するライブストリーミング「TDB TV」のスタジオも国連大学の中に置かせていただいたりしましたね。

2005年に独立して、「gift_」というユニットをつくってからも、そうした動きに延長的に携わりつつ、「CET（セントラル・イースト・トーキョー）」というイベントにも関わることになって。

後藤：その当時、空きビルや空き家が東京の東側に増えていたんですね。逆にそこを使って何かできたら面白いんじゃないかということで、空きビルに若手のアーティストなり企画なりをマッチングして、その場所

※1「TDB」と「DESIGNTIDE」：IDÉE が主体となっていた「TDB」（東京デザイナーズブロック）は2000年～2004年、CIBONEはじめ複数のデザイン会社が発起人となって始まった「DESIGNTIDE」（デザインタイド）は2005年～2012年（「gift_」が関わったのは2007年まで、以降「DESIGNTIDE TOKYO」に改名）に開催。

を占拠していくような感じで、都市のもう一つの隙間を探して場所をつくる、それがCETというイベントでした。そこで、六本木、表参道、目黒みたいな商業的エリアとは違う面白さや可能性を感じたんです。そもそも東側の東神田や馬喰町界隈って、いわゆる問屋街で、土日になると誰もいないという。

池田：都市の中のシャッター街と言ってもいいのかもしれない。

後藤：そうですね。そういうエリアで一週間だけイベントをやったりするなかで、建築家が事務所を移すとか、アーティストや作家がアトリエを借りますとか、移動したり、場所を持つ人が出てきたんです。そうやって人が集まってくると、カフェができたり、ギャラリーができたり。そんなふうに、CETというイベントを通じて、都市が更新されていった。

池田：その過程を体感できたのは、すごく面白かったんです。

後藤：誰かが描いた都市設計ではなく、自然発生的にまちが変わっていくことの醍醐味というか。

池田：それが原体験的に自分たちに刻まれたんです。そもそも、神田とか馬喰町とかって、江戸時代から栄えていたまちですよね。だから、古き良き下町の面影は残っているんですよね。祭りも残ってるし、町内会も元気だし。連綿と続いてきたまちの営みやそのまちらしさ、原初的なかたちは残っていながらも、その上に新しいまちのレイヤーが重なっていくような感じで、若手のアーティストやクリエイターが営む雑貨屋、カフェ、ギャラリーなどがオープンして。それらが、

後藤：共存している。

池田：奏であいつつ、奏であっていない部分もあるけど、そうした協和も不協和も含めて、同時に共存できている姿はとても面白かったんです。まちって、スクラップ&ビルドしなくても変えていけるんだなって。

後藤：そういったことが原体験としてあって、そしてトリガーとなったのが、東日本大震災だった。都市の隙間で何かをした結果、ランドスケープが変わっていったり、行き交う人がさらにオンしていく、そういう移り変わりを体験したところで、２０１１年３月11日を迎えた訳です。

池田：震災直後、都市機能があっという間に停止してしまった。帰宅困難や計画停電、お店から商品がなくなったりとか、いろいろなことがある中で、なんて都市って脆いんだろうって。こんなことが現代にあり得るんだ、と。都市の脆弱性が露骨に見えた時に、このままここにいていいんだろうか、ここだけでいいんだろうかと、ふと思うようになった。消費するだけの場所にいていいのかなと。原発事故を背景に、特に子育て中の人で直後に地方や海外に移住しちゃう人が周りに結構いたんですね。

後藤：デザイナーだったり、編集者だったり。

池田：パソコンさえあればどこでも仕事ができるジャンルの人が多かったんですが、私たちよりも「都市でしか生きられない」みたいな、いわゆるカタカナ表記の肩書きの人たちが率先して動いたんです。それがある意味ショックというか、人って動けるんだなって思って。つい昨日まで、つい先月まで、つい一年前まで、自分たちはここでしか仕事ができないのかなと思っていたけれども、同じように思っていたであろう人たちが、すぐに動いた。原発事故という大きな原動力があったにせよ、ここでしか仕事ができないという考えそのものが、意外にも脆いものなんだなって。

後藤：しかも1～2ヶ月くらいのうちに動いていましたね。とはいえ、その時点で自分たちがどこへいくっていう意思はなくて。

池田：そう、自分たちは動かなかった。

「地方」が、〝他人ごと〟から〝自分ごと〟に変わっていた

後藤：そんな中で、「新潟県十日町市の松代（まつだい）という場所に空き家があって、誰かに使って欲しい」って話を知人づてに聞いたんです。それが震災から3ヶ月後の6月頃。中身を自由にリノベーションしていいので、その空間づくりをしてくれる人を探してるという話だったので、なんだか面白そうだなって思ったんです。好きにしていい空き家ということが。

池田：それはおそらく職業柄というか、持って生まれた気質のようなものが理由で惹かれたのもあったけど、震災前だったらそこまで面白そうだと思わなかったかもしれないですね。

後藤：そうかもしれない。

池田：身軽に、「行きます」って後藤が突然行っちゃったんですよ。

後藤：とりあえず見に行く！って。

池田：私たちを十日町市の松代に引っ張っていった知人は、ソーシャルクリエイティブに興味が深い人で、周囲に地域おこしに携わる人も多かったんです。その中にたまたま越後妻有で地域おこしをしている知り合いがいて、その空き家プロジェクトの担当メンバーだったんですが、震災の被災地である東北に駆けつけたいので、代わりにやってくれる人はいないかという話だったんですね。

後藤：そうですね。震災前だったら聞き流していたかもしれないけれど、地方が他人ごとから自分ごとに変わった瞬間があって、とりあえず現地へ行ってみたんです。それで空き家を見たら、こう言ったら失礼なんですが、なんてことはない普通の家だったんです。いわゆる古民家でもないですし。

リノベーションする前の山ノ家。

池田：一般的な昭和中期の建物。

後藤：だけどなぜか、そこで何かできそうなイメージを持っちゃったんですよ。

池田：なんか楽しそうだよ！とわくわくして戻ってきて。二回目は一緒に行きました。どうしてこんなにわくわくしているんだろうと思っていたんですが、その意味は、行ってみたらなんとなく分かりましたね。

後藤：ここで何かやれたら面白そうって妄想がどんどん膨らんで。どうして「やらない」という選択肢がなかったんだろうって思うんですけどね。

池田：そう、最初はこの建物をどう運用するか、どうリ・デザイン、リノベーションするかのプロボノ的な関わりを求められているのかと思っていたんですが、結局ほぼ毎週末、3ヶ月間くらい通っていたんですよね。それで、こんなふうにしたらいいんじゃないかとか、

後藤：図面を書いてみたり、

池田：イメージに近い写真を集めたりしていたんですが、なんだか地元の窓口の方がもじもじしているというか、

後藤：なんか話が食い違うなあと思っていたら、

池田：もしかして事業者としてここで何かやろうという立ち位置を求めていらっしゃるんですか？って聞いてみたら、「初めからそのつもりだったんですが」と（笑）。

後藤：じつは「松代」と聞いた時点で、そこが「大地の芸術祭」（※2）をやっているエリアであることは

すぐにわかって。

池田：そうでなければ、行かなかったかもしれないですね。

後藤：そういう場所だったら面白いかもしれない、それこそ都会的なことしか知らない人がいきなり行っても、超アウェイではなく、何かしらつながることがあるかもしれないって思って。

池田：アートとかクリエイティブ方面の言語が通じるというか、リテラシーが合うかもしれないという期待がありましたね。そういう状況がなければ、どんなに風光明媚でもいい温泉があっても、行っていたかはわからない。

後藤：そもそも、そうしたことを求めていたわけではなかったからね。

自分たちが欲しい要素を重ねたら「山ノ家」になった

池田：「山ノ家」がある通りは、かつては宿場町として賑わっていたそうなんですが、今はほぼシャッター街のようになってしまっています。

後藤：それで、街並み景観再生事業が立ち上がって、外観を雪国の伝統的な古民家のように再生することで地域の活性化を図ろうと、外装工事の7割を市が補助するという話でした。

池田：その第一号が、じつは「山ノ家」となった空き家。ただ、補助を受けて外観がきれいになっても、中に営みがなければ意味がないと。私たちはその空き家をどうリノベーションするかという視点から入ったけれども、そこで、何かをして発信していくような人を求めていたことが明らかになって。

※2 正式名称は「大地の芸術祭 越後妻有アートトリエンナーレ」。過疎高齢化の進む日本有数の豪雪地・越後妻有（新潟県十日町市、津南町）を舞台に、2000年から3年に1度開催されている世界最大級の国際芸術祭。農業を通して大地とかかわってきた「里山」の暮らしが今も豊かに残っている地域で、「人間は自然に内包される」を基本理念としたアートを道しるべに里山を巡る新しい旅は、アートによる地域づくりの先進事例として、国内外から注目を集めている。

後藤：むしろ中身を求められていたのか、と。

池田：しかも、その補助事業の締め切りがあって。

後藤：そうそう。それが9月くらいのことで、翌2012年の3月末までに工事が終了しているという条件だったんですよ。僕らはまだ時間があると思っていて。

池田：まだ時間があるのに、早く工事しなきゃとか、本当にやるかどうか決めないと、とか急かされて（笑）。どうしてかなと思っていたら、このあたりは豪雪地帯なんですね。3～4mほど雪が積もる。毎年11月末くらいから降り始めて、12月いっぱいだったらなんとか工事ができるだろう、と。でも1月になると雪に埋もれているので、つまり年内のうちに外装工事を終わらせなきゃいけないことが分かって。

後藤：これはまずい、と。雪が降るまでになんとか外装を間に合わせて、雪が溶けたら内装をやろうと。結局、雪も降り始めてギリギリ動けなくなる直前まで強行で外装工事をやるはめになって。明けた2012年はちょうど3年に一度の「大地の芸術祭」のトリエンナーレの年で、会期が始まる7月下旬になんとかオープンしようと、いろいろな人にボランティアをしてもらったり、現地の工務店さん、大工さんに依頼して、自分たちももちろん入って。

都市で仕事をしていると、その物件のオープンや引越しなどに間に合わせなくてはならないことを前提として動く。だけど、地元の工務店さんは少し違うんです。今の仕事が終わったら次。やれるようになったらやる。スケジュールなんてあってないようなもので、そういう部分を合わせるのが少し大変でしたね。

池田：「大地の芸術祭」のエリアであること以外にもう一つ、やれそうだなと思った理由は、春から秋まで農業体験や地元で地域活動のボランティアをする人たちのために十日町市がシャトルバスを出していたこと。当時は東京と十日町間を無料で運行していた。今は往復2，000円になっていますが、それでも安いですよね。

後藤：僕らだけでなく、「山ノ家」を改装するにあたって手伝ってくれる人たちが、無料で移動できた。

池田：手伝ってくれる人は、アートや建築に興味のある学生さんが多かったんですが、彼らはみんな「大地の芸術祭」を知っていて、手伝いに行ったついでに作品を観に行きたいと言うので、ぜひいってらっしゃいと。そうやってオフの日はアート作品めぐりをしてもらいながら、「山ノ家」のリノベーションを進めていきました。

ちなみに、なぜ一階をカフェ、二階を宿屋にしたかというと、私たちが運営することになったら、移住はしないにしても、かなり通うことになるだろうから、寝るところと食べるところは必要だよねと。延べ30人くらいの学生さんたちに協力してもらってリノベーションをしたんですが、いつも寝るところと食べるところに困っていて。複数の民家さんを点々として自炊もしたのですが、私たちみたいに行き来をするであろう人たちも含めて、まずは自分たちのニーズもあって。

あとは、Wi-Fiがなくて困ったので、寝るところと食べるところに加えてWi-Fiが必須だよねと。その要素を重ねたら「山ノ家」になったんです。一階がカフェで、コーヒーが飲めて、パソコン作業ができて、お昼ご飯を食べれて、望めばお酒も飲めて、晩ご飯も食べれて、そのまま泊まれるという、一軒家のカフェ＆ドミトリー。でも、飲食も宿泊業もやったことがなかったので、まずは感覚の近い経験者にヒアリングをしました。

まだ日本にゲストハウスができ始めた頃で、実例もほとんどなくて。そうした黎明期に生まれたゲストハウスの創業メンバーやカフェの立ち上げをしたことがある人たちに、一日の流れやどんなふうにやっているのかを聞いて、実際の事業計画を立ててみたりとか、そういうことをすごい勢いでやりましたね。感覚的な部分をシェアできる立ち上げサポートスタッフとの出会いにも恵まれたと思います。

「大地の芸術祭」が終わって、初めて地域の日常を知る

池田：内装工事や開業備品などの資金調達を終えてようやく着工ができて、ひとまずカフェを先行してオープンできたのが8月中旬。偶然ですが開業日はなんと「山の日」。

後藤：「大地の芸術祭」は7月下旬に開幕していたので、その最中だったんですよ（※3）。8月いっぱいでなんとか二階のドミトリーの工事を終わらせて、9月の頭にオープン。

池田：見越してオープンしたから当然なんですが、「大地の芸術祭」の期間中は、たいした告知もしていないのに大賑わいだったんです。ところが、芸術祭が終わった途端、通りには人っ子一人いないという状態が訪れて、これはどうしようと。

後藤：事業計画には、芸術祭が終わったら人が来ないなんて盛り込んでいないわけです。

池田：住んだこともない場所で勝手に立ててしまった事業計画だから、リアルな現実が見えていなかった。人通りがほとんどないし誰も来ない。だから芸術祭の閉幕後は、ほぼ売り上げゼロの日が続いたんです。

ここで、初めて気づいたんですね。この地域の日常の中に私たちはいるんだ、日中誰も通らない、いわゆる過疎的なエリアに自分たちはいるんだということに。芸術祭に来たお客さんで賑わうという状況の中で始まったけど、本当の日常が現れたのは、芸術祭が終わった後だったんです。

後藤：あれだけ人がいたのに、こんなにいなくなるのか、と。

池田：地方にいるという現実に、背筋を正して向き合うことになったんですね。そうすると、飲食店のお客

※3「山ノ家」がオープンした2012年の「大地の芸術祭」の会期は7月29日～9月17日、来場者数は488,848人。

※4　春は山菜採り、秋はキノコ採りや新米を稲を刈った田んぼの脇で羽釜炊き、冬は味噌の寒仕込みや雪原の雪靴散歩など、地元の人たちに先生になってもらって、都市部の人たちを呼ぶ、季節に応じたさまざまな里山体験企画を考えた。そこに和紙漉きや機織りなど地元の伝統工芸のワークショップ、お料理自慢のおかあさんに郷土料理を教わるなど地元の文化伝承の文脈も盛り込んだ。

さんはやはり地元の人なわけですよね。一方で、泊まる場所は基本的にはよそから来る人のためのもの。両方のベクトルでやっていかなくてはならない。泊りがけで都市部から遊びに来れるような里山体験のイベント（※4）を始めたり、地元のお祭りにも必ず何か出店したりして、地元の人との接地面を増やしていったんです。それまで隣に住んでいるのが誰かも知らないような都会生活をしていたわけですが。

後藤：必然的に、地域活動に参加していくことになったという。

池田：里山のまちで、見知らぬ人間たちが突然現れて何かよくわからないことをやっていた訳ですよね。地元の人にあとで言われたのは、「大地の芸術祭」の作品の一環かと思っていたと。

後藤：会期が終わったらなくなると思っていたようなんです。

池田：ご縁がつながって、転がって、今外装しないと補助金がおりないからやっちゃってと言われて、えーと言いながらも走りだしてしまった。

後藤：そう、転がる石のように。

池田：とにかくここで何か始めなくちゃ、じゃあカフェと宿屋だね、と。そして芸術祭が開幕して、自分たちにもよくわからないうちに動き出していた感じがあって。

後藤：そうだね。

池田：地元の人と接地面をつくる前にコトが動き出してしまったから、地元の人の多くはよく分からないまま、何かやっている人たちがいるという印象だったと思います。そのうちに、ここで何してるの？みたいな感じで、ぽつぽつと立ち寄ってくれるようになって。喫茶店を始めて、二階は泊まれるんですというと、え、そうだったの?と言われたり。

後藤：芸術祭に来るお客さんは、さっと検索して見つけて、すぐ利用してくれる訳ですよ。

池田：賑わってるように思えたけど、単純に、芸術祭に来ていた外からのお客さんだったんだなと。

後藤：地元の人には、いかに知られていないかという。

池田：そういうことで、ここ喫茶店というか食堂というか、ご飯も食べれるんですとなるべく言葉にして、今まで自分たちの人生でやってこなかった町内会的な動きとか、商工会に所属してみるとか、そういうことをやり始めたんです。

そして、「ダブルローカル」という言葉が生まれる

後藤：一方で、外からの人を呼び込むために、いろいろなイベントやワークショップを始めました。地元の人のアイデアで、11月は新米ときのこ狩りが楽しめるので、それをワークショップにしようといった感じで。最初は自分たちの知人に声をかけて。

池田：そんな時に、雑誌『ソトコト』から取材したいと連絡があって、じゃあワークショップに参加しませんかとお誘いしたんです。じつはちょうどその直前に「ダブルローカル」という言葉が出てきたきっかけになった東京でのトークイベントがあったんです。

そこで初めて「ダブルローカル」という言葉が自分から出てきたんですね。自分たちにとっては紆余曲折というか、よくわからずスタートを切っちゃったけれども、結果的にいうと、どっちかがメインでどっちかがサブではなく、蓋を開けたら、どっちもがメインでどっちも本気でやっていますと。

東京でデザイン事務所兼開かれたギャラリーショップ（※5）もやり続けていたし、新潟のカフェ&ドミトリー「山ノ家」も必死でやっていた。どちらもオンで、自分の地元が二つある「ダブルローカル」って感じですかねと言ったら、そのトークイベントのモデレーターを務めた『ソトコト』の編集長さんが、それは今までになかった生き方だよねって。

後藤：面白い！って。

池田：それから私たち自身も「ダブルローカル」という言葉を意識的に使うようになったんです。

後藤：そして、『ソトコト』の取材も、東京・恵比寿の事務所兼ギャラリーショップと、新潟・松代の「山ノ家」を、行き来するかたちで進めてくださったんですよね。

池田：8ページの紙面構成のうち、恵比寿半分、松代半分という、私たちの生業、仕事とか暮らしを、どっちも同じ思いでやっているふたりということで、まとめてくださった。（※6）

後藤：そうですね。で、おそらくその記事から始まって、

池田：2013年春に「ダブルローカル」という生き方がロハスデザイン大賞候補に推薦されて、「コト部門」で大賞いただいたんですが、デザインをやっていた人がご縁あって地方に別の生業を始めたというだけで大賞をいただいた訳で、目を白黒させていたところもあった。

後藤：自分たちがやっていることが、一つのかたちとして認められたのかなというのが2013年の出来事だった。同じタイミングで、WEBメディア『colocal』で「山ノ家」ができるまでを書かせていただいたんですが、そういう一種の振り返りができたことで、自分たちがやっている活動がどうやら一つのかたちになっているというイメージを持つことができた。

※5　デザイン事務所兼ギャラリーショップ「gift_lab」：事務所をオープンにして音楽イベントや展覧会などを行なっていた。アートブックや映像、音楽作品などのセレクトショップでもあった。2012年当時は恵比寿が東京の拠点だった。

※6『ソトコト』2013年2月号（2013年1月5日発売）―特集「日本の地方に住んでみる」

池田：そうですね。最初は運命のいたずらで、ノーと言わず、でも能動的にイエスと言ったわけでもなく、ずるずると始めちゃった感じもあったけれども、これからのライフスタイルなんじゃないかと言って取り上げていただけると、意味があったのかなって思えました。

「山ノ家」で人と人がつながり、何かが生まれていく

池田：かねてからアーティスト・イン・レジデンスをやりたいという思いもあって、アーティストが中長期で作品制作をする受け入れをしているんですが、「山ノ家」がスタートしたすぐ後の年明けの雪深い時期に、アルゼンチンのアーティストユニットが2週間ほど滞在したんです。彼らはフィールドワークをして、地域の人にさまざまな話を聞いて、そうして自分たちが浴びたものをかたちにするという作品のつくり方をしている人たちで、地元の農家さんなどを紹介したんですね。すると彼らは、「雪室（ゆきむろ）」という、雪の中に食品を保存する雪国の習慣にインスピレーションをもらったみたいなんです。これはタイムマシンだと。雪中保存がチルドのような環境をつくりだして、冷凍でも冷蔵でもなく長期保存ができるのが面白かったみたいで。

後藤：それをやってみたい、と言うんですね。

池田：今ぼくらがこの深い雪の中に何か埋めて、それを雪が溶ける3月の終わり頃に掘り出しに来たいと。

後藤：タイムマシン・プロジェクト。

池田：彼らが埋めたのは、どぶろくだったんです。私たちが「山ノ家」をつくることになったきっかけをくれた方が、自分で許認可をとってどぶろくをつくっていたので、じゃあ彼がつくったどぶろくを埋めて、また掘り出してみて、どう変化したかを確認する会をやろうという話になったんですね。どぶろくを開けて飲むならみんなで飲もうということで、地域の人も呼ぼうと、

後藤：そのきっかけの人が「かまくらつくろうよ、でっかいの」と言い出して、

池田：雪が完全に溶けるのは4月末で、3月はまだ1～2mくらい雪が残っているんですね。アルゼンチンの人たちは雪を見たことがなかったくらいだから、大きなかまくらをつくって驚かせてあげようと。

後藤：みんなで、そのかまくらで宴会をしようって話になったんです。

池田：そうしたら、ちょっとしたお祭りみたいになって。かまくらでどぶろくを飲むというイベントで、海外から来た言葉もわからないアーティストと、地元のおじさんたちが楽しそうに、よくわからないなりにコミュニケーションを取っているんですよ。その光景が、なんかこれいいよね、って。

後藤：すごく盛り上がってるんです。地元の方も「人生で一番楽しい！」とか言ったりして。

池田：今はほぼシャッター商店街だけど、街道筋だったこともあって、軒先に旅人を招いて気軽にお茶を振る舞う風習があったんですね。一緒にお茶を飲んで歓談することを、このあたりで「茶もっこ（※7）」と言うんですが、結局、このイベントが発端で、茶もっこを定期的にやることになって。有志の方に家開きをしてもらって、地酒やそれぞれの得意の手料理でもてなすふるまいイベントが始まったんです。私たちもおもてなし側にまわったり、地元の人もその日だけはもてなされる側になったり。こんなふうに、「山ノ家」が始まった翌年には、いろいろなことが起こっていったんですよね。

後藤：「山ノ家」が「山ノ家」らしくなっていった。

池田：都市生活者が都会だけにいることに疑問を持って、別のオルタナティブな居場所を体験する場所として「山ノ家」を始めた訳ですが、地元の人との接点をつくる場になり得るんだなと。それはおそらく、カフェというオープンな場だからかなと思うんです。「この間のイベント良かったね、またやろうね」とお茶を飲

※7　茶もっこ：元々は地元の風習。きっかけとなった冬の終わりの「春を迎えるかまくら茶もっこ」、お盆休みの週末に地元名産の和紙でつくった行灯をならべて行なわれる「夏宵の行灯茶もっこ」、新米やきのこなど秋の大地の恵みを味わう「茶もっこ 秋の収穫祭」の年3回開催。食べ歩きの夕宴に加えて、飲食や手工芸のワークショップなどの屋台が並ぶ「市」も。地元の人もよそ者も、みんな一緒に楽しく語り合うイベントになっている。

みに来てくれる地元のお母さんがいたり、地域の宴で酔った勢いで立ち寄って「この間、良かったよ」とお父さんたちが言ってくれたり。ようやく同じ土俵に立てたというか。

後藤：そもそも移住をするという選択肢は全く考えていなかったけど、必要な機能をつくってその場を開くことで、既に生活者としてそこにいたから、いわゆる移住における〝地域の人とどう馴染んでいくか〟とは違うかたちを必然的につくることができたのかなと思う。

池田：行こうと思えばいつでも行けて、そこで飲んだり食べたりしながら自然にコミュニケーションが取れるカフェみたいな場って、異なるものが共存して、混ざり合える、文化が生まれる場になり得るんだということを、身をもって体験したんですよね。

後藤：うん。

池田：海外から来日したアーティストと、アートにそこまで興味がなかったような地域の人たちが楽しそうに会話をして、じゃあ今度芸術祭の作品を観に行こうかなって思ってくれたりする。単なる出会いの場より、カフェはもう一歩踏み込んだ場をつくり得るんだなと。

カフェはそういう何かが出会って生まれていく、メディウム（※8）として作用するという実感を持ったので、東京の拠点を移そうかなという時に、小さくてもカフェみたいな場所が持てるといいねと場所を探し始めたんです。

隙間があって、まちにコミットができる可能性のあるエリアへ

後藤：ここからは、「gift_lab GARAGE」をどうして東京・清澄白河につくったのかという話に移りましょうか。東京・恵比寿のデザイン事務所兼ギャラリーショップは、カフェはなかったんですが、実験的な音楽

※8 メディウム：ものとものとをつなぐ役割をするものの集合を意味する「メディア」は、一般に情報媒体という意味で使われている。その単数形が「メディウム」で、美術用語としては媒材と訳される。顔料を固着させたり、顔料同士を結びつける溶剤を指す。

のイベントを開催していたので、マニアックな人たちが集まっていたんです。逆に、マニアックな人以外は来ない。

池田：私はそれはそれでいいと思っていた。レトロなビルの二階で、探さないとたどり着けない、隠れ家のような場所でしたね。

後藤：すごくディープな感じだったんです。一応成り立っていたし、だからこそ実験的な場ができたんですが、そういうイベントでも、買ってきた食材やドリンクを振る舞ったり。

池田：キッチンがなかったから、調理はできなかったですけどね。たとえ買って来たものでも心をこめてテーブルに並べて、イベント後に、演じた人とお客さんが、ちょっと飲んだりつまんだりしながら交流する場を必ずつくっていたんです。

後藤：前職のIDÉEにもカフェがあったんですが、普通にカフェを利用するお客さんだけではなく、世界的に活躍するデザイナーなどいろいろな人が来ていて、そんな中で僕らも打ち合わせをしている状況だったので、多様な場だったなと。

池田：中と外の境界線がないというか、社員は社食とか会議室みたいに使ってるし、社内・社外を問わず、その時抱えているプロジェクトの打ち合わせしたり、ご飯を食べたり、もちろん近所の方も来るような場だったんです。

後藤：自分たちがそういう状況を原風景として持っていたから、もっと混ぜこぜになったら面白いだろうな、どこかでそうしたカフェをやりたいという思いはあって。そんな中で、いくつか理由はあるんですが、東京・新小岩にいる父親の体調がよくないこともあって、池田：それまで住まいも恵比寿だったんですが、お義父さんとお義母さんの近くにいてあげたほうがいいんじゃないかと、新小岩に引越しをすることになったんだよね。

後藤：そう、だから新小岩から恵比寿まで通ってたんです。すごく不便でしたね。

池田：いっそ、東京の東のほうに移ろうと。

後藤：それでなんとなく、まだ隙間があって、そこにただ場所をつくるだけじゃなく、まちに何かコミットできる可能性のあるエリアを探していた。

池田：そして清澄白河に散歩に来たんですが、いい意味で入り込めそうな、何か可能性を感じたんです。

後藤：清澄白河には、現代美術ギャラリーオーナーの知り合いがいて、

池田：初めて会ったのはじつは「山ノ家」なんです。いつでも清澄白河を案内するので、ふらっと来てくださいと言われていて。それまで、東京都現代美術館や、丸八倉庫（※9）に行く時くらいしか清澄白河の駅に降りたことがなかったから、アートを観に行くまちというイメージしかなかったんですが、清澄白河を半日くらい案内してもらって、

後藤：まちとして面白いなって。

池田：いい意味で隙間があって、入っていけそうな気がしたんだよね。

後藤：で、100平米の場所が空いていると聞いて。恵比寿ではその半分の広さでも手あまりでシェアしていたくらいなのに。

※9 丸八倉庫：著名現代美術ギャラリーが集まるアートコンプレックスだった倉庫ビル（2016年に解体のため惜しくも解散）

池田：そう、クリエイターの友人たちと一緒にシェアして4人で使っていた。

後藤：それが現在の「gift_lab GARAGE」のある場所。その時はシャッターが閉まっていたんですが、たまたま大家さんがいたので中を見せてもらったら、空間がズドンと奥までワンフロアで。ものすごくかっこいいって、瞬間的に思った。

池田：何これ！って。

後藤：見るからに古い物件なんだけど、恵比寿の物件も気に入っていたものの、それを遥かに凌ぐ場所だった。

池田：建物自体がいいし、しかも開けてみたら本当に何もない、ガランとした魅力的な空間があって。

後藤：それでもう、シャッターを開けて見た瞬間に池田とアイコンタクトして、ここだねと。

池田：家賃を聞いてみたら、半分の広さの恵比寿とほぼ同じで。

後藤：それで大家さんに、「山ノ家」をやっている話をしたら、結構気に入ってくれて。古い建物を改装して、新しいことを始めて、しかも地域と交流する場をつくるとかいいじゃない、みたいな感じだったんだよね。

池田：ここでもやったらいいじゃないと。

後藤：引けばガスもあると言うので、これはもうやらざるを得ないと、初めて見たその日に仮契約したんです。

池田：まちの空気を掴むためだったとはいえ、散歩に来ただけだったのに、その日のうちに仮契約してしまったという。

後藤：そして、改装をする前提で、恵比寿にあるものをできるだけ持ってきて。

池田：仮契約と言ったけど、翌月から入ってもらうのが条件と言われたので、急だったんですが引っ越してしまったんですよね。最初は物置きみたいに、恵比寿の事務所からの荷物を全部積んでいて。

後藤：ダンボールがたくさん置いてあって、どこかの探偵事務所みたいな感じで仕事を始めたんですよ。

池田：大きな倉庫に家財道具が全部積んであって、その隙間でデザイン業務をしている、みたいな。

後藤：やったことは、結局「山ノ家」と一緒。改装前に引っ越してきて、知り合いの工務店さんに相談して、まず間仕切り壁をつくって。

池田：奥をオフィスにして、手前の道路に面したスペースで外に開かれたカフェをやるということは最初から考えていたんだけれど。

後藤：決めてたね。少しでも早く開こうと、まだ厨房もないのに仮オープンしたんです。ショップとギャラリースペースだけという状態で、イベントもちょこちょこやりながら。

池田：その後、厨房ができたので、2～3週間ほど試運転をして正式オープンしようというタイミングで、お義父さまが旅立たれて、さすがに直後にオープンは……と、2ヶ月ほど延ばして、2015年の2月に正式にカフェとしてもオープンしたんです。

池田：清澄白河にまだ知り合いができる前だったから、恵比寿時代の知り合いが冷やかしに来てくれたりしていましたね。

後藤：「山ノ家」のオープン当初、東京の知り合いが泊まりに来てくれたのと同じパターンですね。そうして、「gift_lab GARAGE」がオープンしたのが２０１５年。「大地の芸術祭」のトリエンナーレの年が、また来ちゃったんですよ。

「山ノ家」と「gift_lab GARAGE」、さらに「GAKUSYOKU」

後藤：じつは「GAKUSYOKU（※10）」もそのタイミングだったんです。

池田：そうですね、「山ノ家」から車で15分くらいのところにある廃校になった小学校が芸術祭の拠点として再生されるにあたって、給食室だった場所で、溜まり場になるようなカフェと、ただカフェというだけではなく、イベントなどもやってほしいということで。そのカフェで、この書籍『ダブルローカル』に収録される対話がスタートした訳ですよね。

後藤：当時かなり錯綜していましたね。２０１５年は一番、わちゃわちゃした年でした。とにかくやらなきゃ！みたいな感じで、

池田：そうですね。期間限定のカフェと言っても、結局のところ、一つカフェを創業するのと同じなんですね。コンセプトとしては、キャンパスの食堂だから「学食」というのは最初からストンと落ちて来ていて、いろいろなおかずを自分で選んでトレーに乗せて会計するカフェテリアスタイルにしようと考えていました。

一方、「山ノ家」もあるので、誰かに現場を任せなくてはいけない。まず集落のお母さんたちに郷土料理をつくってもらえるようお願いをして、フリーで動ける友人のフレンチのシェフとフードクリエイターにも声を掛けて。だから、地元のお母さんの手料理も、かなり本格的なフレンチや、いわゆるカフェっぽい都会的なメニューも両方楽しめる食堂。

後藤：サト（里）ごはんとマチごはん。

※10 GAKUSYOKU：廃校になった奴奈川（ぬながわ）小学校を芸術祭の拠点施設「奴奈川キャンパス」として再生、その一階にあったカフェテリア。立ち上げから3年間「山ノ家」が担当。現在は芸術祭の運営を担うNPO法人によって「TSUMARI KITCHEN」として運営されている。

池田：そう、材料は一緒で、地元名産の豚肉とか地場の野菜、山菜とかを使うんだけれど、つくり手によって全然違うものができる訳ですよ。地産地消の同じ食材からつくられた、見た目も味わいも異なる、サトごはんとマチごはんがカウンターに仲良くずらりと並んでいた。

お母さんたちと何度もミーティグをして、その間にも必要な厨房機器を手配して、お皿なんかの備品を買いに走って、サトとマチのメニューも試作を繰り返して。それも、芸術祭の一環としてやる訳だから、芸術祭の担当の方にプレゼンをして承認をいただかなくてはいけないし、十日町市役所の方とも打ち合わせをしないといけないですし。そんな中で、東京・清澄白河と新潟・松代を往復しながら、「gift_lab GARAGE」も、「山ノ家」も、普通にお客さんがいらっしゃるわけで。芸術祭期間中、「山ノ家」の宿泊は連日満員。海外からのお客さんを接客しながら、ベッドの準備をして、家中の掃除して、カフェ以外にも宿泊者の朝ご飯から晩ご飯も全部つくって。よく生きていたなって（笑）。

東京・清澄白河で始まった、「ダブルローカル」の第二フェーズ

後藤：2016年になってから、自由大学で「ダブルローカル」の講義を始めたんですよね。

池田：清澄白河でも講義をするし、「山ノ家」に泊まりつつ越後妻有でも講義をする、という一期5回のプログラム。それとちょうど同時期に「コウトーク（※11）」のお声掛けもいただいて。

後藤：まちを支えてきた人と、よそ者たちが同じ土俵で話す場。それが本当の清澄白河デビューだった気がするよね。

例えばこの地区の神輿の総代とか、代々この地で家業を継いできた方とか、僕らみたいな移住者とかが、毎回4組くらいゲストトークをしてその後交流会になる。「gift_lab GARAGE」も含めて周辺のカフェで、3ヶ月ごとに場所を移して。もちろん他の会場も覗きに行って、そこで新旧の地元の人たちと交流を重ねて、やっ

※11　コウトーク：深川界隈のさまざまなヒトやコトやミセを紹介しながら参加者同士の交流を促す二部構成のサロン型イベント。毎回4名程度のゲストスピーカーを呼び、自身のヒト・コト・ミセをお話いただく第一部、ゲストスピーカーと参加者の交流を促す第二部からなる。

とホームができたなって感じだったんです。

池田：「ダブルローカル」の第二フェーズが始まった感じ。ようやく清澄白河に根を下ろし始めた感じでしたよね。

後藤：さっきの「山ノ家」でいうところの、それまでは都市の感覚の延長で来ていたけど、芸術祭が終わって人がぱたっといなくなって、ようやく地域だったり、自分たちの活動を考えていく話と、同じようなことがここで起こった気がしますね。

小屋バー（※12）を始めたのも、2016年から。自分たちなりに、この場所でできるコンテンツとか動き方が、ようやくでき始めたのが2016年だった。

池田：昼間カフェをやってると、オーダーされたものを提供して、来てくれた方とそれ以上のコミュニケーションができないこともあって、もっとちゃんと話をしたいと。それで、小屋バーを始めたんだよね。

後藤：そう。カフェは忙しいと人と話す余裕がないから、もうちょっと違う時間をつくりたいなと思って、金曜日の夜に対面で話せる場所をつくろうと。カフェ屋さんになるためにカフェを始めたわけじゃない、それと違うことを自分たちは考えたいし表明したいというのもあって。

そして、3年に一度の「深川祭り」の大祭が2017年だったんですね。コウトークで知り合った神輿の総代が、小屋バーにも来てくれるようになっていて、神輿担がないの？という話になって。その頃には、町会の三役とか、いつもと違う顔ぶれが小屋バーに来てくれるようになっていた。おそらく、その総代さんが仕込んだんだろうけれど。それでだんだん祭りの情報が入ってくるようになって、神輿を担ぐならお店を開けるのは無理だなと思ってお休みにしたんですが、神酒所の準備やお弁当を置く場所を探していると言うので、2日間ここを使ってくださいと。まちの人と仲良くなるというレベルから、いきなり町会っていうレベルに

※12 小屋バーについてはコラムを参照。

まで内側に入っていきましたね。

池田：そしてその頃、深川ヒトトナリ（※13）が芽吹き始めていた。

後藤：2017年には、コウトークの発展形として、まち歩きのイベントをやりたいって話になって。

池田：東京都現代美術館（MOT）が休館中で、「MOTサテライト」として、まちなかの展示を巡るプロジェクトも先行して進んでいたので、じゃあ日程を合わせちゃおうと。話が持ち上がってから開催まで2ヶ月。できるわけないって言いながら、Webも MAPも集客も、全部コウトークチームから広がった地域のメンバーでやりましたね。十分に準備はできないかもしれないけれども、とにかくやってみようと、vol.0（準備号）として。

後藤：「gift_lab GARAGE」は、深川ヒトトナリに小屋バーで参加、MOTサテライトには清澄白河の架空のラジオ局というコンセプトで、フィールドレコーディング&ストリーミング作品「ラジオ往来往来」を企画して。

池田：急に決定したイベントだったから日程が調整できなくて、私は当日、「山ノ家」で秋の茶もっこを担当。このときは地域イベントも「ダブルローカル」でしたね（笑）。

後藤：そう言えば、小屋バーを始めた1年後、さらに飽き足らなくなって、小屋ローグを始めたんだよね。

池田：よりディープに語り合う場を設けたくなった。

後藤：小屋バーはふらりと来たゲストごとにどんどん話が変わっていくのが、それはそれで面白いんだけど、いい話をしていても次の人が来ると、自然と別の話になってしまう。それで、テーマを決めてそれについて

※13 深川ヒトトナリ：アートやコーヒーで話題の清澄白河エリア、古くより賑わいを見せる門前仲町エリア、老舗やグルメなお店の多い森下エリア。江戸の始めから続く街、深川の行ったことのないお店のスタッフや入ったことのない工場の職人さんたちの「人と業（ヒトトナリ）」を知ることで、まちに親しみを感じて「人隣（ヒトトナリ）」となる新しいまち歩きイベント。

とことん語り合うのを、小屋ローグと呼ぼうと。

池田：小屋での対話。

後藤：小屋バーを始めたのが2016年2月。小屋ローグを始めたのが2017年2月。そして2月を一つのきっかけにして、2018年2月に小屋ブンコ（※14）をつくったんです。そうこうしているうちに、「gift_lab GARAGE」でこんなことをやってみたいっていう相談が増えてきて、また新たな次の企画が生み出されていく。

池田：恵比寿の二階の隠れ家でかなりマニアックなことをやっていた頃にはなかったような、町会の「青少年部」にも入るくらい地域に入り込んで、いろいろな交流だったり、コトが生まれる場になっていったのかなと。コウトークや深川ヒトトナリという入口がなかったら、こんなに地域に入り込めていなかったんじゃないかなと思いますね。

ダブルローカルとは、二つの視点を持つこと

池田：こうして「ダブルローカル」は今も続いているわけですが、地方から都市を見た視点と、都市から地方を見た視点を同時に持っていて、どっちでもあって、どっちでもないんですよね。例えば「山ノ家」では、私たちはよそ者だけど、地元民でもあったりする。

後藤：一度経験したことって、経験する前の感覚に戻るのは難しいと思うんですが、もしかしたら、戻れる感覚を得られる気がするんですね、ダブローカルって。行ったり来たりというのは、ただ移動しているのではなくて、違う土地で生活をして、そこが慣れてきた頃に東京に戻る。人がたくさんいて、高層ビルが並んで……って、初めて上京した人のような感覚になれる。

※14　小屋ブンコ：gift_lab GARAGEの小屋の中に設置した私設ライブラリー。小屋ローグのテーマを考える際に参考にした書籍を共有することから始まった。その後、自由大学の講義「未来を耕すダブルローカルライフ」受講1期生である間借り本屋「tsugubooks」の協力を得て、選書を増やし、現在は販売も行っている。

池田：地域の人に、田んぼに沈む夕陽がきれいだと言うと、こんなのいつも見てるよって感じなのと、

後藤：それの逆バージョン。

池田：東京に対しても、日常のささやかな感動というか、そういうものがあったんだなっていう。

後藤：その視点が、一番の「ダブルローカル」。

池田：そう。双方向の視点というか、両方とも戻る場所になった訳ですよね。それまでは、東京は戻る場所じゃなかったんです。それがもう一つのオルタナティブな場所ができたことによって、出張や旅行から戻るのとはまたちょっと違う、日常と日常を行き交う感じで、もう一つの場所も日常なんですね。そしてまた、もう一つの場所に戻っていく感覚が、不思議というか新鮮というか。

後藤：そうだね。

池田：でも結局のところ、地方であっても、東京であっても、視点は増えても、やっていることは一緒で、〝場〟をつくっているだけ、なんですよね。

コラム—「カフェ」という場をつくる意味—
2018/06/28@gift_lab GARAGE

話し手：後藤寿和、池田史子（「gift_lab GARAGE」「山ノ家」主宰）
モデレーター：瀧内貫（「まちの教室」ディレクター）

化学反応が起こって、カルチャーが生まれる場所

池田：なぜカフェと宿をつくったのか、もう少し踏み込んでみると、後藤はずっとカフェをやりたかったみたいなんです。カフェって滞留するし、会話も生まれやすいし、カフェに来たお客さん同士がつながっちゃったりする。それって単なるセレクトショップやギャラリーでは難しいですよね。

後藤：原点としては、IDÉE（イデー）にそういう存在としてのカフェがあったから。

池田：一方で、私はずっとアーティスト・イン・レジデンスをやってみたかったんです。ただ展示をして終わりではなくて、制作の現場に立ち会う場、共有する場をつくりたい、だから「山ノ家」の二階はアーティスト・イン・レジデンスにしたかったけれど、それでは経営的には成立しないので、宿屋に。でもアーティストさんに中長期滞在制作をしたいと言われたら使える場所として個室は残しておいたんです。

つまり、カフェとしての開かれた場、交流が生み出せるような場を持ちたいのが後藤で、一歩踏み込んだアーティストの日常とか現場を共有できるようなギャラリーをやりたいのが私で。それを合わせて、カフェ&ドミトリーになったんだよね。

後藤：そもそも独立して開設した恵比寿のデザイン事務所で、イベントを開催したりショップになっていたりという場をつくっている頃から、もっとミックスしたいというか、もっとハプニングが起こってほしいと思っていたんです。IDÉEという場で起こっていたような、突然ふらりと人がやって来て何かが起こる、そういうハプニングみたいなものはギャラリーとかショップでは起こりにくい、イベントスペースでもギリギリかなという感じだったので、そういう意味で。

瀧内：アート的な手法に近い？

後藤：そうですね、その一つの手段として「食」がそこにあると、もっといろいろな要素が入ってくるんじゃないかというのが、そもそもカフェをやりたい真意で。

池田：飲食の場は〝溜まり場〟になり得る。ショップは、溜まり場にはなりにくいですよね。

後藤：滞留する理由がない。

池田：いくらお気に入りのショップでも、1時間いられたらすごいという話だと思うんです。カフェならそこに

留まって、他に来た人と会話が生まれることも起こり得る。美術史的にも、カフェはアーティストたちが溜まり場をつくって、そこで何かしら新しいアートの表現が生まれていくとか、アートグループを一緒に形成していく場所になることが多々あった。一方、カフェではないけれど、アンディ・ウォーホルは自分のファクトリーをオープンにして誰でも来ていい場にしていたんですよね。そうすると、フリースタイルのパーティのようなものがどんどん勃発して、そこで新しいアート表現とか、アートグループとかが生まれてくる。

後藤：そこで若いアーティストが見い出されたり、

池田：新しい音楽表現が生まれたり、

後藤：カルチャーが形成される。

池田：私たちにとっても、カルチャーが誕生していく場所、発火して化学反応が起こっていく場所という意味合いでのカフェなんです。「山ノ家」でも「gift_lab GARAGE」でも、全くバックグラウンドが違う人たちの間に交流が生まれること自体が面白いなと思っていて。カフェって、異質なはずのものが共存することができる場でもあるんですよね。

人が集い、交流する。文化としてのカフェ

後藤：先ほど、僕がカフェをやりたかったという話をしましたけど、もともと池田はカフェ的なことをずっとやっていたんです。

池田：大学時代、絵を描いている人、映画を撮っている人、音楽をやっている人、ダンスをやっている人とかが集まる不思議な溜まり場があって。元々パンの製造販売をしている場所だったんですが、入口付近がみんなが持ち込んだ作品や雑貨を販売するショップになっていて、その物販エリアとパン焼き工場の間に通路があって、その通路がギャラリーとして使われていた。そして、奥にある開けたパン焼き工場だったスペースが、基本はカフェなんだけれど、多目的なみんなの発表の場みたいになっていて、そこでイベントをやる時、私はカフェみたいなことをやっていたんです。イベントを構成する要素として、テーマにちなんだ食べ物や飲み物を考えて。

後藤：表現の一つだった。

池田：今思うと、場のデザインとか状況のデザインとしてのカフェ的なことをやっていた。大学時代の友人に、なんで今突然、私がカフェなんかやってるのって思うでしょ?と言ったら、あなた前からやってたよ、こういう人が集う場をつくっていたと言われて、そうだったのかと。

後藤：空き家・空きビル再生活用のアートプロジェクト

「CET（セントラル・イースト・トーキョー）」でもカフェをやっていたよね。

池田：確かに。何か溜まり場をつくりたいなと思って。出展者であるアーティストやデザイナーたち、ディレクター役のクリエーターや現場を支えるインターンの学生さんたちが交わる場、ワークショップをしたりお話ししたりする場が欲しいんじゃないかと考えて、カフェをつくったんです。机や椅子をたくさん置いて、コーヒーも飲めるし、ちょっとした軽食もあります、という。でも何も注文しなくても座っているだけでもいいという感じで。

後藤：恵比寿の事務所でも、音楽の尖ったイベントをやった後に、みんなで歓談するような場をつくったり。

池田：飲み物代はある程度いただいて、食べ物はカンパをしていただいた時もあるし、振るまった時もあるし。そういうものがないと、ライブイベントが終わると、

後藤：さーっと帰っちゃうよね。

池田：飲んだり食べたりするものがあると、会場にみんな残って、そのあと2時間くらいは歓談していた。アーティストとオーディエンスだった関係性が、同じ場でフラットに交流できる。それがアーティストさんたちもすごく楽しかったみたいで。アーティスト同士でも、この音源はどこから？みたいなことを語り合ったり、そこで出会った人たちで新しい何かを始めちゃったりする人も出てきて、こういうのいいなあというのが実感としてあったんです。ただ単にイベントを開催するんじゃなくて、飲食を共有する場、つまり交流の場をつくることで、より踏み込んだ、化学反応のようなものが生まれてくるんだなと思って。

後藤：手段としてのカフェだったんだよね。カフェっていう言葉は、本当はいろいろな意味を含んでいるんだけど、第一印象として非常に誤解を受けるというか。

瀧内：いわゆるおしゃれな、喫茶店の派生系としての飲食店って意味のカフェではないってことですよね。

後藤：僕らが持っている感覚は、IDÉEがやっていたカフェの延長線上にあって、僕がやりたいカフェは、文化としてのカフェみたいなもの。IDÉEのカフェは、もちろんいわゆるカフェとして機能していたけれど、

池田：すごく開かれていて、出会ったり、つながったり、とても好ましい状況だった。いろいろな異質な人が来て、アポイントのある人もいれば、ノーアポイントで偶然出会う人もいて。そういうのが日常だった。だから、今の環境にも全然違和感はない。

後藤：それが原体験としてあったんですよね。

2015

2015/08/29@GAKUSYOKU ― 菊地徹（「栞日」店主）

地域カフェのつくりかた「地域」とつながる、「状況」をつくる

自分をフラットでニュートラルな状態に戻せる場所を、まちにつくる

瀧内：僕は、地域のさまざまなプロジェクトの伴走者としてデザインディレクションを手掛けているんですが、主な活動のひとつに「まちの教室」があります。カフェやお店を経営していたり、その地域に根ざした活動をしている人、参加した人たちが今一番知りたい、聞きたい話を授業にするもので、週末を中心に長野県内各地で開催しています。

2013年に長野市篠ノ井から始まって、長野市、小布施町、松本市、塩尻市、諏訪市、伊那市、小諸市と開催地を広げていますが、菊地さんが運営するブックカフェ「栞日」でも開催しましたね。「まちの教室」の紹介はこれくらいにして、まずは菊地さんが日頃どんなことをされているのか、どんなことを考えながらイベントの企画を進めているのかをお聞きして、その後、「地域カフェ」のつくりかた、地域とつながる状況をつくるというテーマについて、話を深めてみたいと思います。

菊地：こんにちは。長野県松本市で、「栞日」というブックカフェを営んでいる菊地です。「まちの教室」では、本の製作者をお招きして、どういう思いで本をつくったのかを聞くという授業をさせていただきました。

まずは、普段僕がどこにいて、何をやっているのかをお話したいと思います。静岡県静岡市生まれで、大学進学を機に、茨城県つくば市に移りました。大学卒業後に就職した先が、長野県松本市でした。学生の頃、コーヒーショップでアルバイトをしていたんですが、そこでの経験が今の僕自身の場所をつくったり、人と関わっていく原点になっています。自宅でも職場でもない、自分をフラットでニュートラルな状態に戻せる、いわゆるサードプレイスを自分のまちにつくることをビジネスの根幹としている企業だったんです。その考え方

ゲスト：菊地徹（「栞日」店主）

モデレーター：瀧内貫（「まちの教室」ディレクター）
聞き手：後藤寿和（「gift_lab GARAGE」「山ノ家」主宰）

に共感をして、面白くなって。

その企業の新卒採用を受ける予定だったんですが、ちょうどその年はリーマンショックの影響で新卒採用が中止になってしまって。アルバイトから契約社員に、契約社員から正社員になるルートにトライしようと思って、卒業後もアルバイトを続けましたが、同じルートを辿ろうとしている先輩を追い抜けない状況だったんです。もどかしさを感じたのと、その企業に終身雇用をされたいわけではなく、将来的に独立して、僕なりのコーヒーショップをやりたい志向が強かったので、就職活動を始めました。

当時、サービス業にすごく興味関心があって、人をもてなすとはどういうことかを別の角度から見てみたいと思って、宿泊業を選んだのですが、就職した温泉旅館が、たまたま長野県松本市だったんです。

1年半ほど正社員として働きましたが、そこでのちに妻となるパートナーと出会ったことが大きな理由で、自分が考えていたより早く独立開業に向けて動き出すことになって。温泉旅館は従業員が100人近くいるような大きい組織だったので、独立開業をする前に、個人店ならではの肌感覚を体感しておきたいと考えて、しばしば通っていた長野県・軽井沢町のベーカリーへの転職を決めました。

そこは家族経営のベーカリーショップで、洋服や北欧家具、雑貨なども扱っています。その小さなお店でショップ店員として、パンの製造補助、接客や雑貨のディスプレイなど、ひと通り勉強をさせてもらいました。

軽井沢って特殊な地域で、東京の飛び地みたいな感覚なんですね。東京から新幹線で軽井沢に来て、しばらく滞在するお客さんが多くて、定住するというよりは、一時滞在するまちで、日常生活を営むためのスーパーなど、最低限の施設はあるんですが、それ以上のプラスアルファがほとんどない。

それに対して松本って、非常にコンパクトな街並みの中に、個人店主のお店とか、クラフト系のお店や美術館、興味深いコンテンツが揃っていて、他にも音楽や演劇といった、さまざまな文化的要素がぎゅっと詰まっているんです。まちとしての魅力が確かにあっていいなと。それで、いよいよ開業しようとなったとき、松本に戻ることに決めました。

「栞日」は、もともと、一階に写真屋さん、二階から上はその家族が住んでいたという物件です。一棟まるごと店舗ですが、二階が住居スペースになっていて、三階はギャラリーとして使っています。四階からは山並みがきれいに見えて、この風景が決め手で物件を決めました。扱っている本は、リトルプレスと呼ばれる小規模出版物が中心です。

松本は、文化の多様性に富んでいるんですが、本屋さんの多様性に欠けると感じていて、特に個人店主が、自分の感性でセレクトした本を紹介していくスタイルの、セレクトショップ系の本屋さんが少ないと思っていたんです。僕は学生時代から、個人が出版するリトルプレスにすごく関心があって。「栞日」は、いわゆるブックカフェでコーヒーも出しているので、コーヒーだけ飲んでいただくのも、立ち読みするなり、本を買ってもらうなり、どちらかだけの使い方でも歓迎です。店内には、カフェスペースとしてテーブル席が2席とカウンター席が2席あるんですが、ここで購入前の本を読んでいただいても構いません。

それから、イベントも積極的に開催しています。例えば、1年間かけて開催したコーヒー教室とか。最近は料理教室や、アーティストや知人、友人に演奏していただいたり。不定期なんですが、やりたい人がいたら基本的にやってもらうというスタンスです。

それから、僕がお店の中で待っているだけだと、なかなか出会えないお客さんがいたり、あまり聞こえてこないリアクションがあったりするので、出店依頼は基本的に受けるようにしています。例えば諏訪湖にほど近い、諏訪の5つの酒蔵を巡りながら古本を楽しむイベント「くらもと古本市」や、岐阜駅前の柳ヶ瀬商店街の「サンデービルヂングマーケット」。この時は松本組として、手づくりキャンドルを扱う「TOCA by lifart…」と手づくりのコンフィチュールを販売する「Chez Momo」と「栞日」で出店しました。群馬県前橋の敷島公園で開催された「敷島。本の森」というイベントでは、「栞日」のショップカードのロゴデザインをしてくれた詩人のウチダゴウさんと合同出店したり。

こんな感じで、お店の外に活動のベクトルを向けることを積極的にやりたいと考えていて。松本では、冬の時期に開催するスタンプラリー「R143+ Winter Walker」をやっています。「栞日」の目の前の国道が143号線なんですが、交流のある個人店主たちが143号線沿いに点在していることに着目して、スタンプラリーで冬の松本のまち歩きをしてもらおうと。冬は寒いので、夏に比べるとどうしても観光客は減りますし、住人たちも家にこもりがちなので、冬に賑わいが欲しいことから始まったイベントです。

このスタンプラリーでは、名刺サイズのスタンプカードがいっぱいになると、缶バッチをもらえるんです。期間は約2ヶ月。最終日には、まつもと市民芸術館のフリースペースを借りて、地元のクラフト作家や本屋を呼んで、マルシェイベントも開催しました。

最後に、「ALPS BOOK CAMP」も紹介できればと。「ALPS BOOK CAMP」は、長野県大町市の木崎湖が会場で、入場料をお支払いいただいて、2日間にわたって自由に湖畔で過ごしてもらうというイベントです。「山と本の宴」というサブタイトルを掲げている野外のマーケットイベントで、本屋を中心に、クラフト作家や古道具屋、飲食店に出店いただいて、来場してくれた方には、場内でお買い物を楽しんでいただきます。湖畔はとても心地よくて、キャンプをする人もいれば、1日だけ参加する人もいたり。人それぞれ、思い思いに過ごしていただくんですが、遊泳もOKなので、湖に入って遊ぶ子どもたちもいます。夜にはキャンプファイヤーをして、その横で映画上映もします。

2日目の朝は、詩人の朗読から始まって、フィナーレはバンド演奏も盛り込みました。僕自身が魅力を感じて移り住んだ長野県の魅力をたくさんの人に感じてもらうには、実際に足を運んでもらうのが一番いいと思って始めたんです。僕は本屋という肩書きを持っているので、長野県の魅力を伝えやすい湖畔というロケーションで、本のイベントをやろうと。長くなりましたが、松本でリトルプレスというカルチャーを本を通じて紹介しながら、同じような価値観、課題意識を持つ松本の個人店主の方々と一緒に、日々活動をしています。

尖ったものを、母数におけるパーセンテージが少ない中でやるということ

瀧内：ありがとうございます。ちなみにみなさん、松本のまちのイメージを掴めていますか？人口でいうと、およそ24万人くらい。長野県では、長野市が38万人で、松本市は2番目ですね。長野県は、都市ごとに距離が離れていて、カルチャーが全然違うんです。

今回のトークイベントの趣旨は、「地域カフェ」って一体何なんだろう、ということですね。「地域カフェ」とは、いわゆるスローライフの生業としてのカフェではなくて、場所はどこでもいいんだけど、自分が好きになった、あるいは意味があると感じた場所で、人が集まる場所という意味でのカフェをつくっていく、それが「地域カフェ」なんじゃないかと。

菊地：はい。

瀧内：そうやって捉えてみると、「山ノ家」の後藤さんと池田さんのおふたりと菊地さんは、すごく似ていると感じるところがあって。じつは菊地さんには当初、「リトルプレス？松本？無理じゃない？」と言ったんですよ。

菊地：直接言われました（笑）。

瀧内：リトルプレスという狭いジャンルに、地方都市で反応する人はそんなにいないんじゃないかと思ったんです。それが、何年も続いているという。

菊地：今年で、３年目（２０１５年当時）に入りました。

瀧内：店舗が何年も続くことは、そんなに簡単なことではないと思うので、それがお客さんにちゃんと受け入れられている証明だと思うんですが、いわば尖ったものを、おそらく母数におけるパーセンテージが少ない中で、松本でいうと、民芸やクラフト、演劇、音楽みたいな地域の文化の上で、上手にやっている。

「山ノ家」でいうと、越後妻有の「大地の芸術祭」が地域の文化としてあると思うんですが、地域で面白いことをやりたいと思っているけど、現実との折り合いの中で、母数を増やすために、どうしても丸くする、みたいなところがあると思うんですね。でも、「山ノ家」にしても「栞日」にしても、そんなことはしない。尖ったままで、どうやって地域との関係性をつくっていくか。そういうやり方があるんじゃないかと思ったんですよ。それを知ることができれば、いわゆる「地域カフェ」が面白くなっていくんじゃないかと。

菊地：はい。

瀧内：そうした中で、どうして松本なのか、なぜリトルプレスだったのか。カフェとか人が集まる場だったら、リトルプレス以外にも選択肢はありますよね。

菊地：つくばにいた頃、コーヒーショップで働いていて、サードプレイスという考え方に共感をしたと話したんですが、結局そこなんです。

僕は、あまり土地に対する執着がないタイプだと気づいて。実家がある静岡は、もちろん愛着心はあるんですが、執着心はなくて。大学卒業後、静岡に戻らなくてもいいなと思ったし、東京で仕事をすることも視野にあったし、でも東京にこだわる必要もないとも感じて、いっそのこと自分が住みたいと思ったまちに住もうと思った時期があったんです。これといった大きな人生イベントがあったわけではなくて、後から「そういうことなんだ、きっと自分は」と気づいていった。だから、なぜかと聞かれると、明確な答えを出すことが難しいんですが。

いろいろな場所で、いろいろなものを見たいという好奇心がある中で、卒業したら、いろいろなまちを転々としながら、このまちに住みたいと思えるまちが見つかったら自分なりのサードプレイスという具体的な場所をつくるという漠然としたビジョンは、学生時代から考えていました。そのまちがどこで、そのまちにつくるサードプレイスは何がいいかを探すのは、卒業後にやろうと。就職先も、海外までは視野に入っていなかったですが、国内ならどこでもよかったから、北海道から沖縄までリゾートホテルや高級温泉旅館をひととおり見て、絞って。比較的早い段階で、松本の旅館が拾ってくれたというだけなんです。

それまで松本は、縁もゆかりもありませんでした。幼少期に、家族旅行で行ったことがあるらしいんですが、全く覚えていなくて。よくある地方都市かな、くらいの印象だったんですけど、住み始めてから、だんだんと面白くなってきましたね。

まずは、北アルプスの景色が広がっていること。もともと山を眺めるのが好きだったので。徒歩圏内で回れる小さなまちに、面白い人たちが面白いことをやっている店舗がいくつもあったり、民芸やクラフトを感じられるギャラリーや、美術館や芸術館といった文化的な施設があったり。民芸・クラフトのまちというわけではなくて、音楽も演劇もあるし、草間彌生さんの出身地ということもあって、現代アートを受け入れている人が一定数いて、文化的な多様性、レイヤーの多さが特徴のまちだと気づいたんです。一方で、アクターが足りないことも感じていて。アクターというのは、そのまちの文化的なポテンシャルを引き出すことをやる誰か。具体的な場所があったら、もっともっと面白くできるし、まだまだ伸びしろがあるまちだなと。

松本で生まれ育った人たちにとっては、松本城があって、その周辺に旅行者が歩く道が整備されていたり、観光地化したスポットもいくつかあって、完成したまちだと見られることが多くて。でも、僕はこのまちはもっと面白くなると感じた。そのためには、自分のつくりたい何かをつくったらいいんじゃないか、その何かとは、僕にとっても、周りのみんなにとっても楽しくなるような何かであったらいいなと。松本というまちを面白くするとしたたら、どんなカードを切ればいいんだろうと考えたら、面白そうな本屋だなと思ったわけです。

上の世代の先輩たちがやっている、いい古本屋はたくさんあるんですが、これだけ文化的な多様性のあるまちで、リトルプレスという個人出版物を紹介するスポットが一つもないことは、僕にとっては違和感だった。まちの人たちがこういう発信のしかたもあることに気づいて、その先に何が起きるか見てみようっていう実験的な部分もありましたね。

瀧内：その地域にないのって、もしかしたら必要がないのかもしれない。そんな中で、最後に決めた、決定打って何ですか。ちゃんと場所を借りて、リノベーションをして、商品を仕入れて……、そんなに簡単じゃないですよね。初期投資も掛かるわけだし。

菊地：そうですね。最後の決定打は、なかった……かな（笑）。

瀧内：やっちゃった感じ（笑）？

菊地：やっちゃった感じですね。松本で場所をつくりたいという思いが結構高まっていた時だったと思うので、何をやるかを必死に探していたけど、本屋という答えが自分の中で見つかった瞬間に、疑わなくなったんですね。もうそこから先は、やることしか考えていなかった。

瀧内：踏み出すことは難しいけど、疑っていなかった。自分の中では確信があった？

菊地：ありました。母数におけるパーセンテージが少ないことは想定していたし、店舗が一気に軌道に乗ることもイメージしなかったですし、続けていく中で、少しずつ伝わればいいなと。本だけだとおそらく厳しいので、コーヒーショップを併設することは最初から想定していて。そのうち、じわじわと関係性を築くことができるんじゃないかという確信はありましたね。

瀧内：後藤さんは、「山ノ家」を始める時に、同じような確信はありましたか？

後藤：すごくよくわかるなと思いました。まず、場所や内容に関する決定打に関して言うと、僕は東京生まれの東京育ちで、まったく知り合いも土地勘もない場所にいきなり飛び込んでしまったんですが、条件はいくつか揃っていたというか。そこに空き家があって、ある程度リノベーションをすればカフェと宿ができて、東京から新潟をつなぐ無料バスが利用できるというメリットがあったんですね。最終的にやるか、やらないかというところで、やってみようと。理由や背景、条件よりも、最終的には決断するかどうかが一つと。

それと、「栞日」さんはブックカフェ、「山ノ家」はカフェ＆ドミトリーですが、外から来る人にとっても、地元の人にとっても、利用してもらえる場所しようということは考えていて、ハードルは下げないけれど、食やコーヒーを提供する場所としてオープンにすることで、ある程度地域と関係性をつくるきっかけは持てると考えていました。

瀧内：逆に、違うところはありますか？

後藤：決定的に違うのは、まちの背景です。「山ノ家」のある場所は、市街地ではなくて、里山のもともとまちがあったところ、という感じです。松本のまちのサイズ感とか、同じような価値観の個人店主がたくさんいるのが羨ましいくらいで（笑）。でも、そうした同じ価値観が持てる人を増やすような活動は続けていきたいと思っています。

その土地の文脈を理解した上で、地域の人との関係性をつくる

瀧内：なるほど。お店をつくると、地域の人たちとのお付き合いが始まる訳ですよね。その土地の文脈を理解した上で地域の人と関係性をつくっていく必要がある。地域との関係づくりでは、どんなことを意識していますか？

菊地：松本って、ここ5年くらいでUターン、Iターンした人が新しく個人店舗を開き始めているんです。

店主の年齢層は、30代半ばくらいから40代前半くらい。僕は今30歳手前なので最年少組なんですが、同世代くらいの人たちが似たような感覚で松本を見ていて、コミュニケーションが取りやすいんです。同じ言語で話せるというか、こういうふうに思うって話すと共感してくれて。

先輩たちが経営する店舗へは、「栞日」を始める前からお客さんとして通っていたので、「お店をやる」と話すと、ようこそと受け入れてくれて、「栞日」をそれぞれのお客さんに広げてくれて。全く交流のない店舗もあるんですが、松本の人たちは好きにやらせてくれるんですね。若い衆が頑張ってるなという感じで見守ってくれている。僕らの世代もリスペクトし合って、ゆるく応援し合える人たちが揃っている。コミュニティは自然と形成されていたし、その人たちと一緒に企画をする時には、お互いの価値観を大切にするように心掛けるし。

それは僕が普段から、まちに出ているからかな。特別なことじゃないですが、「栞日」を始めた後も、個人店のいちファンとして店舗を回る。今日はちょっと外でコーヒーが飲みたいなという感じで、ふらっと行く。いち生活者としてそれぞれの店舗を使い続けています。そこは、ある程度意識的にしているかもしれないですね。そうしたコミュニケーションの中で、この人はここを大切にしているんだろうな、って分かってきたりするので。

瀧内：個人店主だと、なかなかそういう状況をつくれないと思うんですが、どうですか？

菊地：妻の協力があってできることですね。どちらかが店番をして、どちらか遊ぶという。

瀧内：あともう一つ、「地域カフェ」として意識していることを教えてもらえますか？

菊地：例えばイベントの企画で考えてみると、一つは松本にまだないものかどうか。「ALPS BOOK CAMP」は、あくまで信州という県スケールで考えているイベントですが、信州の中にまだない要素があるかどうかが前提です。でも、そのまだない何かをつくる時、他のまちにはある何かだとつまらない。松本や信州にはないけど、他に先行事例があるものを、僕があらためて二番煎じする必要はないと思っていて。松本にもないけど、全国的に見てもまだどこにもないものをやったほうが、外からの注目度も含めて、人の興味関心を集めることができる。冬に開催するスタンプラリー「R143+ Winter Walker」は、スタンプラリー自体はどこにでもある話ですが、市民芸術館という公共施設でのマルシェだったら県外の友人にも声を掛けられるし、事例として新しくて面白いかなって。

あとは、面白いなと思える風景がイメージできるかどうか。ちょっと感覚的な話になっちゃうんですが、「ALPS BOOK CAMP」は湖畔にブースが並んで、自分が選んだ本を湖畔に座って読むという風景が広がったら結構面白いと思ったから、やると決めたんです。

瀧内：「山ノ家」の場合はどうでしょうか。以前、Twitterで後藤さんが「その場所・環境に身を置けば、ネタ切れは絶対しない」と言っていましたよね。その言葉が気になっていて。

後藤：「山ノ家」に関しては、自分たちと同じ感覚をもっている、あるいは同じ目線を持っている人はあまりいないんじゃないか、というところから始まっていて。最初に呼ぶべきは地域の人より首都圏の人。首都圏から人を呼ぶためには、首都圏にはないものを、逆に言えばそこにしかないものをコンテンツとして出していくことなんじゃないかと。地域にいると、季節ごとにいろいろなことが起こったりする。例えば、春は雪が融けて山菜取りが楽しめるし、秋はお米の収穫があって新米が味わえるし、キノコ狩りもできるとか。

季節ごとに地域にあるもの、あることを追いかけていくこと自体が、価値だったり魅力になるのかなと。それを、ちょっと離れたところから来てもらうためにいろいろな方向に発信している感じ。距離が離れているからこそ、手抜きをしない。逆にそればかりだと地元の人が近づきにくいから、東京にあってもおかしくないような企画も用意する。そんなふうにバランスをとる、そういう存在のしかたなのかなと。

ちなみに、同世代の人や同じ感覚を持っている人、逆にそうじゃない人たちとの、コミュニケーションのしかたで考えていることはありますか？

菊地：松本では、若手から積極的に上の世代の先輩たちにコミュニケーションをとって何か新しいものをという場はまだないですね。同じ感覚でできる人たちで楽しくやって、それが受け入れられている間はいいとしても、次のステップとして、上の世代が今までつくってきたものを引き継いで、下の世代が何をやってくか、どんなふうにコミュニケーションをとってまちをもっと面白くしていくかは、意識下にある課題の一つです。

足を運んで、人と会って、話すということ

瀧内：どこのまちでも、それぞれの世代が頑張っている状況から、世代やまちという枠を超えて一緒にやるようになっていきますよね。それぞれ頑張ろうね、というだけではないと思うんですが、実際はどうですか？

菊地：松本というまちが好きで住んでいる人たちは、おそらく一匹狼タイプの人が多いんです。基本的には、自分のやりたい事を自分のスタイルでやりたい人たち。それが時と場合によって、誰かと一緒にやったほうが自分のやりたいことがもっと面白くなることがあるんですね。お互いの利害関係はないにしても、この局面においては手を組んだら一人でやるよりもっと面白くなるという時に一緒にやる。そして、終わったらまた離れる。そんなスタイルを好む人たちが松本というまちを動かしてる感覚はあります。

瀧内：おそらく松本は、ちょっと大人なんだと思うんです。まちにはそれぞれステージがあるように思っていて、そこで起こった問題は、いずれ他の同じステージのまちでも起きる。いろいろな地域の人が勝手に交流してくれたら、次に起こりうる問題が即解決できるんじゃないかと思うんですが、松本で今起こっていることの〝手前〟には、何があるんでしょう。

菊地：まちの背景みたいなことですよね。

瀧内：はい。例えば長野県諏訪市だと、地域との距離感が遠い気がするんです。一匹狼の職人気質があるというか。そうじゃない人ももちろんいると思うんですけど、平均値があるとしたら、それよりちょっとだけ遠い気がする。それに対して、松本は平均値より近いんじゃないかと。地域内のいろいろな動きもなんとなく把握している。〝君は君、僕は僕〟の関係性だとしても、君のことを把握しているかどうかで、関係性って全然違う気がするんです。

菊地：難しいですね。でも、地理的要因というか、まちのサイズ感がもたらす影響はきっとあるんだと思います。松本はもともと小さな城下町で、市街地としてイメージするのは徒歩圏内のことでしかない。そうしたまちの規模感が、松本の居心地の良さだと感じています。

瀧内：範囲が狭い分、まちの中で起こっていることを感じられるということですね。インターネットがあるから把握しやすい感じはするけど、Facebookを閲覧している人がその地域の何割なのかと考えると、地域のことを把握するのはインターネット上だけではないのかなと。

菊地：小さなまちだから、人の動きが盛んなんですよね。個人店主たちは、定休日に他の店舗に顔を出していたりとかで、いろいろな情報交換があって、今新しいお店開こうとしてる人がいるよとか、今度こんなイベントをやるよとフライヤーを交換しあったりとか。そうしたことが、生身の人間のレベルで起きている。実際に足を運んで、おしゃべりをする中で、松本というまちで何が起きているかが把握できてしまうんです。

瀧内：それは年代別にスタンダードなこと？

菊地：それは分からない。

瀧内：テレビもラジオもなかった時代には、いわゆる口コミが情報伝達手段でしたよね。高度成長期にマスメディアで一気に広まるようになって、インターネット上の情報発信やコミュニケーションが盛んになって。そうした影響力もありつつも、まちのサイズ感がコンパクトであるという背景から、口コミのような情報伝達手段が残ったということなのかもしれないと感じました。

どこにでもあるけど、どこにもないもの

瀧内：最後に、後藤さんにお聞きしたいことがあって。日本って、どの地域に行っても風光明媚でご飯が美味しいじゃないですか。季節ってある意味、どこでもある。それを「山ノ家」でピックアップする理由は何でしょうか。さまざまな地域で自然を体感するイベントはあるけれど、「山ノ家」に行こう、となる理由というか。

後藤：それは、なぜ新潟・松代に「山ノ家」という場所をつくったのかという質問と同じことですよね。それはご縁があったから、という言い方をしていて。確かに日本はどこも風光明媚でご飯も美味しいけど、どこに行こうかを決めるのは、結局、縁があるかないかでしかない。その縁になる〝手前〟の何かもあるのかもしれない。松代にしかないことをやろうという意識は、そこまで持っていないんですね。良くも悪くもよそ者だから、地元の情報を発信しようなんて感覚は、もしかしたらずれているかもしれないし、外からの視点で発信しようとしているかもしれない。どこにでもあるかもしれないけど、これってすごいよねと自分たちなりに実感した、本当に小さなことを喜んで発信することだったり、地元の人にとっては当たり前すぎて全然気づいていないことをピックアップしたり。そういう些細なことなのかもしれないですね。

瀧内：ほんのちょっとのディティールの違いで、どこにでもあるけどどこにもないものになるか、どこにでもあるものになるか、ということだと思うんです。自分なりに実感したことであるかどうか。そのほんのちょっとの差異が、「山ノ家」のピックアップのしかたなのかもしれませんね。

毎年初夏に長野県大町市の木崎湖畔にて開催される「ALPS BOOK CAMP」の様子。

2018

2018/04/13@gift_lab GARAGE ｜ 菊地徹（「栞日」店主）

始まりは、「やりたい」という個人的な理由

菊地：3年前のトークを振り返ると、長野県松本市の「栞日」と、新潟県・松代の「山ノ家」との対比について話をしたんですよね。

瀧内：そうですね。「栞日」ができた当初は、すぐ閉店すると思った、という話をしましたね。いわゆる地方都市で、独立系出版物を扱う本屋が長く続くはずがないというか。間口が狭い感じがしていて。だけど、当時3年目でしたっけ？

菊地：そうですね。

瀧内：お店を続けるって、結構大変じゃないですか。で、続いていて、すごいよね！と。

菊地：（笑）。

瀧内：それと、「山ノ家」もできた当初は、こんなところに人は来ないでしょ、地域の人は入らないでしょ、と思って。間口の狭いものが、なぜ、それぞれの地域で受け入れられているのか、成立しているのか。それぞれのケーススタディをお話いただいた。

菊地：僕は、自分が暮らしたいまちが見つかったら、そのまちにとってのサードプレイス的空間を提供しうる、コンテンツの詰まった箱をつくりたかったんです。松本では、それが本屋だと思ったんですね。松本って、コンパクトなまちにいろいろな文化的なスポットがあって、松本市美術館、あがたの森公園、松

ゲスト：菊地徹（「栞日」店主）
モデレーター：瀧内貫（「まちの教室」ディレクター）
聞き手：後藤寿和、池田史子（「gift_lab GARAGE」「山ノ家」主宰）

本民芸館、まつもと市民芸術館があって、夏になると小澤征爾さんが指揮をしたり、音楽も演劇も、美術もあるんですね。これだけ小さなまちにこんな奇跡的にいろいろな文化的シーンがあるのに、本屋が少ないと感じて。老舗の古本屋さんは点在しているんですが、そのカルチャーを知るシーン、場面をつくっていく人たちを紹介できるのは新刊書店かなと。もちろん、新刊書店が全くないわけではないけど、セレクトブックストアというか、店主が選んで今これ読んでみたら？というスタンスの新刊書店があってもいいのになって思っていたんです。

瀧内：「山ノ家」はどうですか？

後藤：田んぼにアートがあるような場所で日常をつくっていこうと思ったんですが、土地に合わせて何かをやろうってことはあまり考えていなかった。菊地さんと異なるのは、場所を探していたのではなくて、空き家があるという話が先にあって、建物が風化していくか、そこで何かをやるかやらないかだったので、リサーチも何もなく、ただ「大地の芸術祭」が開催される場所だったら可能性があるかもしれないと、それだけの理由だったんです。しかも、僕らは東京でも活動していたから、移住するつもりは全くなかった。東京にあるものを持ってきたということではないけれど、場所としてそれぞれがつながっていてほしいという思いはあって。

菊地：そこは似ているかなと思いました。戦略的に本屋をやっていると思われるかもしれないけど、単純に、僕が本屋があったらいいと思っていることのほうが大きい。すごく個人的な理由しかなくて。マーケティング的なことをちゃんとやろうとしたら、本屋なんて怖くてできないですよね。

後藤：そうそう。

瀧内：やりたいことをやって、ちゃんと受け入れられていることと、それが地域的な文脈に乗っているということと。もう一つは、新刊でリトルプレスを買うとか、ゲストハウスに泊まるという、日常的な行為とはちょっと離れたものを、カフェという日常的な行為を入口とすることで、わかりやすさ、入りやすさにつながっているかもしれないと。地域のことを知っていて、マーケティングをかじったことのある人だったら、おそらくやらないことが続いているのには理由がある。じゃあ、その続く理由って何だろう、そんな話をしましたよね。

菊地：そうですね。僕の場合は、学生時代にコーヒーショップでアルバイトをした経験が原点にあるから、コーヒーは淹れたいという気持ちはあって。でも、本はニーズがないからコーヒーの売り上げでカバーするといった打算的な考えがあったわけではなくて、コーヒーを淹れたいと思ったからやり始めた。実際には、コーヒーを飲みにくると、触れたことのない本に目に留まるんですよ。場合によってはページをめくって、買って帰る可能性がある。そういう流れを積み重ねていけばいいんだと。

後藤：今は、どんなイメージや目的を持ってお客さんが「栞日」に来るんですか?

菊地：カフェと本屋という二つの要素があるとしたら、カフェの利用率のほうが高いですね。65%ぐらい。カフェだけの人と、カフェも本もという人を合わせて。純粋に本だけ見て買って帰る人は、35%くらいでしょうか。後者の人たちは、いわゆる本屋好きな人たちで、それこそ東京からも来ますし。周辺のまちからわざわざ来てくれる人が多い。

35%のうち15%ぐらいが、そういう認識で、外の地域から「栞日」を目掛けて来てくださる割合です。残り5〜10%ぐらいは、松本に暮らしていて、「栞日」が本を介して紹介しているカルチャーシーンが好きで、定期的に来てくれる感じですね。

後藤：「山ノ家」は……、

池田：立地もかなり違うと思っていて。松本市って人口20万人以上の地方都市ですよね。しかも、「栞日」

は駅から徒歩圏内。

菊地：そうですね、駅から直進で10分。

池田：地方都市とはいえ、かなり文化的なイメージがありますが、「山ノ家」は田園地帯。まあ、駅から近いことは、私としては一番の決め手だったんです。たとえ地方でも、駅から近いのは大事だという感じで。

後藤：「山ノ家」は駅から歩いて5分なんです。

池田：そうですね、本当に小さな里山のまちで。カフェに一日座っていても、人はほとんど通らなくて、あ、今猫が通った、みたいな場所。「山ノ家」の場合は、泊まりにくる方がよそ者なんですが、中には首都圏からのリピーターもいます。カフェの日常的な利用は地域の人が多いですが、もちろん地域の人にも少ないですがリピーターはいて。楽しみに来てくれますね。新しいフライヤーをチェックしたり。分母としては小さいものの、「栞日」でいう、目掛けて来てくださる人と似ているかもしれないですね。

菊地：地域のリピーターは、徒歩圏内にお住まいの人ですか？

池田：徒歩圏の人もいます。あとは自動車圏内。

後藤：あの辺では、自動車＝足の認識ですね。コンビニへ車で行くような。

池田：3年前と現在で明らかに違うと思うのは、20代、30代の移住者が増えていること。ここ半年ぐらい、「山ノ家」を開けるタイミングが減っていて、またペースを戻したんですが、地元のお母さんたちは、一度でもお休みをすると、足が遠のいてしまう感じがあって。移住してきた人は、今日は開いていて良かった、みたいな感じで足を運んでくださるんですよね。そういう人たちは、徒歩圏の人が多いです。

菊地：「山ノ家」のお客さんの年齢層は、新規移住されてきた20代、30代ですか？

池田：リピーターさんは、その年齢層が一番多いですね。移住してきて、都市部を懐かしむんですよね。やっぱり都市圏から来ている人が多いです。

菊地：東京からが一番多いですか？

池田：多いですね、聞いている限り。東京を含んだ首都圏という感じで。それで、東京と地続きの同じ空気が吸える場所が求められているんだと思います。

菊地：僕は、「山ノ家」が先で、今日初めて「gift_lab GAREGE」に来たんですが、ここに入ったときに「山ノ家」の空気を感じましたよ。

池田：本当ですか？

菊地：そう、あの時のあの感じと同じだって。地続きって、確かに実現できるんじゃないかなって感じますね。

後藤：3年前にお話しした時点では、「gift_lab GAREGE」はオープンしたばかりでした。

池田：そういう意味では、その点が一番の変化ですね。

理想的な地域性って何だろう？

後藤：ところで、松本でお店を始めている人はどんな気質をお持ちなんですか？

菊地：毎年冬に、松本にある個人店を巡るスタンプラリーをやっている話をしたと思うんですけど、ちょうど先日5回目を終えたばかりで。松本って、冬がただ寒いだけなんですよ。雪も降ってないから、本当に寒いだけ（笑）。観光資源としての雪はないんです。松本に行くなら上高地とかと合わせていい季節に行きたいから、夏を選ぶ人が多い。1時間ほど北へ行けば白馬などのスキーリゾートがあるから、寄ってくれればいいのにって思うんですけど、白馬に滑りに行く人はまっすぐ白馬に行って、泊まって帰るので、松本には寄ってくれないんですね。かつ、居住者も外が寒いと、出歩かなくなっちゃって。それこそ自宅を出たら車で量販店やスーパーに行って、また車に乗って帰るという。

後藤：ほぼ外気に触れないという。

菊地：そうそう（笑）。そうなると、個人店をやっている側からすると、冬の売り上げが深刻な課題なんです。それで始めたのがスタンプラリーだったんですが、参加店が今年は18店舗、去年は22店舗でしたが、最初は11店舗でやったんです。そのうち8割ぐらいが同業の飲食店で、外から来たお客さんが驚いて。こんな小さなまちで、同業のみなさんで売り上げが厳しい時期にお客さんを回しちゃって大丈夫なんですか？って。仲がいいですね、と言われて。

後藤：清澄白河も同じで、飲食店同士で仲がいいんですよ。割とマイペースな人が多いというか。「gift_lab GAREGE」もそうですけど、閉めるときは閉めちゃうので、そうすると、あそこに別のカフェがあるのでどうぞ、と。あるいは自分たちも、今日はお休みだからあそこのカフェに行ってみようってなるんですよ。お互いに回っていたり。

菊地：これは、松本だったら自分の店ができると思った最たる理由の一つなんですけど、いい意味でドライなんですよね。いまだにそれを感じていて。それぞれが自主独立できているというか。でも、まちにおける自分のポジションをそれぞれわきまえている。基本、俺はここを頑張るから、そっちはやって、というスタンスなんです。冬の売り上げについては共通課題なので、そのゴールを達成するまでは手をつなごうね、と言語化をしなくても、なんとなく空気感でできてしまう。

後藤：何でもかんでもみんな一緒に、という強制的な感じではなく？

菊地：ないですね。清澄白河ではどうですか？一つの旗印にまとまることを嫌ったりしませんか。

後藤：そこに対して慎重になるというか。

菊地：そうですよね。いや、勝手にやってくださいってなりますよね。

瀧内：それって、じつはレアケースだと思うんですよ。僕は仕事で長野県内をいろいろ回っているんですが、松本以外にもそんなまちがなくはないけど、松本はそれが顕著だなと。それぞれが認め合っているというか、ある意味大人なのかなという感じがする。その理由は、前回のトークでは宿題になっちゃったんですけど。3年という月日が経って、見えてきたことはありますか？

菊地：そうですね、ひとつは、城下町であることが大きく影響しているだろうなと。城を中心に、徒歩圏内で完結しうる機能があって、発展してきていて。長野県内はどこでもそうなんですが、山国というか、海なし県ですよね。山と山で分断されるかたちでまちがあって、城や寺を中心にまちが形成されて、徒歩圏内に市街地がある。松本の場合、いろいろな街道が交差しているから、そこでは人も技術も商品も、文化のような無形のものまで交わるきっかけになるんです。比較的大きな城下町だから留まってくれて、職人街も発達して。
さらに地形的には、これは多分にイメージの話なのですが山がちな土地の城下町なので、窪んだ所に一度入ってくるとさまざまな文化が流出しにくいようになっていて。それで、大人という表現に寄せて言うなら、おそらく鍛えられているんですよ。異質なものが入ってきて、その中で何かが動いて、それを留めようか、吐き出そうか、みたいなことを常にやってきて今に至るから。先祖代々住み続けている人が、新しく入ってきたものに対する抗体がある。またあなたたち来たね、ってその辺で飛んでいるハエみたいな感じ。

瀧内：ハエって（笑）！

菊地：さらっと新参者を流せる。それが多分、いい意味のドライ感につながっているのかなと。新潟にも、新しいものに対する好奇心の強い地域の人たちはいますよね。とりあえずやってみたら、と。そうした空気感を、僕らぐらいの世代も嗅ぎ取って、このまちだったら自分の仕事をやらせてもらえると考える人たちが開いた場所が点在し始めたのが、「栞日」を開けたぐらいの時期。だからこそ、自主独立しつつも、必要に応じて手を結び、また離れることができるのかなと。

後藤：それぞれの動いている情報を自然とキャッチする。干渉はしないけど、こんなことをやっている、と見ている感じかな。

菊地：そうですね。周りが山に囲まれているからこそだと思うんですが、松本という土地は、自分の身体感覚が伴う移動距離でだいたいどこへでも行けるんですね。もちろんまちの情報が入ってくるのも早いし。こちらから情報を取りにいかなくても、勝手に入ってくる感じ。

後藤：清澄白河も、まさにそんな感じですね。松本が山だとしたら、強いて言うならば、清澄白河は川。川で地域を一つに絞っているというか、エリアを分ける単位になっているんじゃないかなと。

瀧内：こういう話って、土地性、地域性みたいなものだからでしょうか。地域にあらたに入る人たちにとって、すごく理想的な状況は、松本にも清澄白河にも生まれていて。その中でカフェが地域とつながっていったりすると、そういう土地にカフェつくるといいって話になるのかもしれない。そうした地域性って、意識的にはつくれないですよね。文脈とか環境に依存してしまう。じゃあ、他の土地はできないのかな？

後藤：そうした地域性に最初から気づいていたわけじゃないですよね。

菊地：うん、全然。

瀧内：「ダブルローカル」という話にしても、行き来する人たちにとってのその土地の良さって、裏返すと、人口が減少していく社会において、地域がどうやって生き延びていくか、そのポイントでもありますよね。関係人口を増やすとか、ちゃんと交流し続けるとか、半移住してくれる人を受け入れるためにはどうすればいいのか。そうなったときに、サイズ感が小さい地域しか生き延びていけないのかな、とか。また宿題になりそうですけど（笑）。

菊地：どうなんだろう？でも、さっき松本はレアケースと言われたように、いわゆる人や地域性に恵まれているまちって、どうしたってあると思うんです。そこは、人の努力云々の前に、その地形や風土からそうなった、という背景があるから。先天的な優位にある、そういう状況はあるのかもしれない。そうした地域性を見出すことができる人だったら、その土地のポテンシャルを語れるかもしれませんね。

池田：そうした地域性を見い出すには、よそ者の視点が大事だったりすることもありますよね。

菊地：とはいえ、その先天的な優位がない土地で、絶対同じ状況がつくれないかっていうと、僕はそうでもないと思う。松本、清澄白河あたりは、ロールモデルというか、先駆者、パイオニア的な事例になる可能性が高い土地ではあると思うけど。いい気になっていると思われるかもしれないけど（笑）、「栞日」が松本に足を運ぶ理由になるぐらいに際立てば、松本に来てくれる人は、確実に増やせると思っていて。

後藤：すごく分かる気がする。

菊地：だからその、際立ったポイントやスポットが、見る人から見ると分かる、日本地図の中でここが光っている！みたいな場所をつくれたら、分かる人たちはそこに来るじゃないですか。今、栃木県那須塩原市にある「1988 CAFÉ SHOZO」（通称：ショウゾウカフェ）をイメージしながら話していますけど。失礼かもしれませんが、黒磯駅なんて、おそらく誰も知らなかったと思うんですよ。でも、日本のカフェブームの手前ぐらいから噂が広がって。

池田：確かに、「ショウゾウカフェ」から入りましたね、黒磯からは入っていない（笑）。

菊地：そう。黒磯って、北関東の片田舎ですよね。黒磯に人の往来ができるような地域性はないと思うんです。でも東京から電車一本でアクセスできる。松本でラッキーだなと思うのは、新幹線が通ってないから、東京に去りにくい。

池田：都市部までの交通の便がいいと、人が流失しやすい理由にもなるんですよね。

菊地：そうです。個人が一つの店を構えたことによって、明らかにキャラ立ちしているまち。今でも居続けている。「ショウゾウカフェ」の並びに「チャウス」という新しいタイプのホステルができて、お互いにリスペクトしている。そうした関係性を築いていて、羨ましさしかないですよね。そういう個別事象を考えてみると、地域性的な優位がない場所にもできるとは思う。

後藤：話は二つあって。そこに場所をつくる話と、つくった場所と地域とのつながり、あるいは距離感みたいなもの。今の話って、まちという対象にくさびを打つ話だと思うんですけど。僕も、どうして新潟・松代だったのかと聞かれると、風光明媚な場所は日本中どこにもあるって答えているんですよね。いろいろ理由は挙げられるけど、「大地の芸術祭」があるとか、都市部から当時は無料でバスが通っていたとか。やるかやらないかは本人次第という中で、縁を感じたと話したんですが、その土地に縁があると自分が思ったかどうかも大きいですよね。もしかしたら菊地さんもそうかなと。

菊地：そうですね、僕は大きいですね。

後藤：「ショウゾウカフェ」の話のように、縁の手前をつくるきっかけとなる場所を自分たちでつくりたいと思ったんです。いい意味でその土地に違和感をつくること。違和感をつくるって、ここに変な場所があるという狼煙（のろし）を上げることになるというか。そうすると、あそこが気になる、行ってみたいと思う、その縁の手前をつくることができるんじゃないかと。さっきの関係人口をつくる話にしても、交流拠点がないと話が進まない。そういう場所をつくったということなんだろうなと。

場所をつくる人が増えることで、一つのストーリーになっていく

池田：「山ノ家」の準備をしている頃、絶対カフェをやるんだと息込んだ訳ではないし、その当時はゲストハウスっていう単語すら認識していなかった。縁の手前というか、何らかの縁は感じたんでしょうね、多分行き来するんだろうなと。だからシェアハウスに近い感覚で宿屋とカフェをやっている。完全移住していないという理由もあって。だから、「山ノ家」に灯りが灯っていると、地域の人が「あ、帰ってきたのね、お帰り」と言ってくれるけど、お帰りっていう相手な気もするし、やっぱりいまだにエイリアンな気もするし、という反応をされていて。それが面白いなと思いながら、半移住生活を続けていますね。

菊地：お帰りって言ってくれたり、エイリアンって見ている人たちって、地域にもともと暮らしている人たち？

池田：そうですね。年代的に言うと、70代以上の人たちが「お帰り」と言ってくれて、つくったお惣菜とかを持って来てくれるのね。帰って来たばかりだから、何もないでしょ？と言って。この人たちが何をやっているのか本当はよく分からないけど、まあいいか、というのは目の奥にのぞくんです。でも、帰って来てくれることは嬉しいんだなってことはすごく伝わってきて。分類のしようのない不思議な住民になっているんでしょうね。

おそらく今、各地でじわじわと同じことが起きていますよね。移住と関係人口の中間ぐらい。ただ交流しているだけではないけど、完全移住はしていない。でもちょっとだけ住んでいる、そんな人たちがこれから増

えていくだろうし。ホームタウンを複数持ちする人もおそらく増えていて、「ダブルローカル」だと二箇所になるけど、もっともっと複数の居場所、「お帰り」と言ってくれる場所を持つ人がきっと増えていくのではないかな。増えてほしいとも思う。実際、周りにもどんどん増えましたね、この3年間で。

菊地：さっき、この3年で移住してきた20代、30代が増えているってお話があったと思うんですけど、彼ら彼女たちは、仕事は何をしているんですか？

池田：地域おこし協力隊のような形で地域に入るケースが多いように見えますね。一定の収入が保証されているし、住む場所もだいたい与えられるし。そうした入り口でお試し移住的に入ってきた人たちが根づくパターンが多いのかなと。それか、一匹狼的な編集者とか、Webデザイナーとか、パソコン一台、インターネットが通じれば住む場所を問わないような職種の人か。

菊地：地域おこし協力隊のような人は、例えば卒業後にゲストハウスをつくるとか、そういう動きはあるんですか？

池田：地域おこし協力隊を卒業して、市内にレストランをつくったり、そういう事例はありますね。ここで自分が何かを始めるとしたらこれができそうだな、と起業する人も多いけど、もともとフリーランスでふらりと来ている人は、やはりふらりとそこで仕事をしていて。私たちもそうですけど、東京で受けているデザインの仕事は、パソコンを持ち運んでどこでも作業できる訳です。海外との打ち合わせも、本当に便利。こうしたツールがなかったら、移動できないですね。あと、会社を辞めて、地域おこし協力隊から入って、今は農家として真摯に田んぼに向き合っているご夫婦がいたり。ご夫婦共に都会育ちなんだけれど。地域に出会って、そこで何かしらを始める人と、仕事内容を変えずに場所だけ変わってるように見受けられるフリーランスの人と。その二つに大別されている気がします。

菊地：「山ノ家」は、今年6年目ですよね。「山ノ家」の活動を見て移住してきた人たちの中で、「山ノ家」の並びとか近くに自分のカフェとかギャラリーを構える動きがあったりするのかなと。

池田：大歓迎なんですけどね。松代の街なかには今は営業していない店舗も多いんです。商店主が奥に住んでいて、「店先だけでも貸さないんですか?」と聞くと、「一日だけ借すくらいはいいけど、ずっと貸すのは難しい」という人が多くて。お店は畳んで商売はしていなくても、代々持っているもので食べていけるから、スペースとして貸していただくのは意外に難しかったりする。使わせていただけたらなという場所はたくさんあるんですけど。だから、持ち主をうまく口説いて、場所を使いたい人につなげてくれる松代不動産的なことをやってもらえる人がいたらいいなと。十日町市でも空き家バンクで空き家が紹介されているけど、空き家バンクがあることすら知らない人だっていますよね。持ち主と借りたい人、欲しい人がなかなかつながっていないように見えます。

菊地：松本も、似たようなところはありますね。

瀧内：菊地さんは、自分でやり始めちゃったんですよね。

後藤：そうか。

菊地：行政の仕組みに乗っかりながら、民間の空き家バンク的なことをやっているんです。

池田：いいですね。そういう動きはちらほらと聞くんですけど。

菊地：まあ、時代背景も大きいかな。ちょっと話を戻すと、後藤さんが言っていた、くさびを打つというか狼煙を上げた場所に反応した人たちが、同じような場所をつくり始めている、つまり、点ではなく面として広がってくると、次の段階が生まれるじゃないですか。

松本の場合はラッキーにも、同時期に同世代がプレイヤーとして点在していたという状況があったから、僕がやるのはお店を開くことだけだったんです。おそらく30年前に何か面白いことをやろうとしたら、場所を持つことが一番早かった時代だったと思うんです、自己表現として。今の時代、オンライン上で収入を確保できるような人たちがむしろ、移住というか場所を選ばず動けるじゃないですか。

池田：そうそう。

菊地：30年前に「ショウゾウカフェ」ができたときに、目掛けて行って、ここで働きたいって思った人が、働いているうちにまちが気に入って、ショウゾウさんの力になりたいという感じで、「ショウゾウカフェ」の隣に自分の店を開けるとか、あの通りはそうやってできていったんですよね。その動きを見た他の人たちが、さらに共感して。そうやって、場所をつくる人たちが乗っかり合って一つのストーリーなり線なり面なりになるっていう状況が、オンラインが主流になっている今の時代は、生まれにくいのかもしれませんね。

後藤：イメージしてみても、そんなにすぐにできることではないですよね。

池田：松代には点が線、面になるほどお店は増えていないんですが、「山ノ家」のスタッフになってくれる人って、移住者が多いんです。共通言語を持っているからなんでしょうね。だけど、長くても3年、早ければ半年ぐらいで、どんどん次のフェーズに移っていく。移った先で自分でお店を出したり、何かを始めたり。「山ノ家」の卒業生が、自分なりの起業をしているんですよね。そうやって、じわじわと仲間が増えている感じはすごくあります。ごく近く、歩いて5分ぐらいの場所に増えているわけじゃないけど、気持ちの通う人たちが、車で30分圏内ぐらいに広がっているという実感はありますね。

後藤：車社会だから、車で30分圏内っていう地域の捉え方もありそうですね。

池田：隣の隣とか、さらにその隣のまちから来てくれるお客さんに「わざわざ、ありがとうございます」と言うと、「普通に行く距離だよ」と言ってくれるので、まちという範囲の捉え方は、都市部とは感覚が違うかもしれませんね。

菊地：確かにそうかもしれないですね。

2016年に移転した「栞日」店内。

2015

2015/08/30@GAKUSYOKU ― 伊藤洋志（仕事づくりレーベル「ナリワイ」代表）

地域カフェのつくりかた「地域」とつながる、「状況」をつくる

複数のナリワイをもつ生き方

伊藤：まずは、僕がやっていることを紹介します。「ナリワイ」というのは、複数の仕事で生計をたてるという考え方です。専業にしないで自分の興味や暮らしに必要なものをつくって、余った分は販売する、そんな具合にライフワークみたいな仕事をたくさん持つ作戦です。僕がつくった一つ目の仕事は、「モンゴル武者修行」です。季節ごとにすることが変わったり、常に全部やっているわけではないんです。これまでつくった「ナリワイ」は、11個あります（※1）。

「モンゴル武者修行」について説明をすると、モンゴルに興味があって行きたいと思っていたんですが、普通ならバックパッカー的に旅をするか、あるいは旅行代理店に頼むかですよね。でも普通のツアー、つまり旅行商品だと、パッケージ化されているから馬には1時間しか乗れませんなど、なんだかんだ制約が多いんです。しかも事業としてやろうとしたら、年に十数回くらいを開催しないと成立しないのでパッケージ化もやむを得ない。僕自身は、もっと参加者個々の要望を取り入れた遊牧文化を体得する企画をしたかった。そうなるとできて年に2回程度やればいい、ということなんです。

つまり自分が行きたいからやってる訳で、年2回だと結構面白いことができるんですよ。モンゴル武者修行は、参加メンバーで話し合って、やりたいことを決めていくんです。出発前にみんなでミーティングをして、何をやりたいか、何に興味があるかを聞いて。例えば、モンゴル人にモンゴル相撲を挑みたいから、出発前に鍛えていこうとか。だいたいみんな「星が見たい」とかですけどね。それで、有名総合格闘家の道場に通っていた青年が、本当にモンゴル相撲の大会に出場したんです。

ゲスト：伊藤洋志（仕事づくりレーベル「ナリワイ」代表）／**菊地徹**（「栞日」店主）
聞き手：後藤寿和、池田史子（「gift_lab GARAGE」「山ノ家」主宰）

後藤：現地の大会に出たんですか？

伊藤：現地で、近所の強い人を集めて草大会をやったんです。結果、3位でした。プロの格闘家でも現地のモンゴル相撲県大会2位の実力者には勝てなかった。そういう事件が毎回起こるんです。これはパッケージ化ができないので経済効率は非常に悪い。しかし、こんな感じでめちゃめちゃ面白いんです。

話は飛ぶのですが、「地域カフェ」は、人の集まる場所をつくりたいという目的というか要求のもとにつくられていますよね。明確じゃなくていいんですけど、ある程度のフィルターというか、そこに入れる人と入れない人をなんとなく分けてしまう「結界」が必要だと思っているんです。

この「モンゴル武者修行」は、そもそも修行したい、苦労したいという人しか参加しないから、常々トラブルは起きるんですけど、そのトラブルがむしろ修行としては必要なんです。例えば、馬で山を登っている途中で、ぬかるみにはまっている車があって、レスキューしてあげる事態に巻き込まれたりもしました。旅行商品であれば、スケジュール外のことは排除して巻いていきたいですよね。でも、ぬかるみから出れない人を助けてあげたってことのほうが、俄然盛り上がるわけです。他にも飛行機がマシントラブルで遅れて経由地で一泊したりもしましたけど、そういうトラブルを楽しめる人が参加する企画なんです。

そうした「結界」を張ることで、結果的に集まった人はフルオープンのイベントよりもとても仲良くなったり、楽しんで帰ってくれる。僕がやるのはあくまで個人の仕事だし、全ての人を満足させることは難しいということもあって。ある程度のフィルターをかけながら、フィルターにうまくはまった人には満足度の高いものをつくれるんじゃないかと思っています。

他には、収穫しながら販売する「遊撃農家」という農家業。例えば田舎に住むとなると、「農家になる」というイメージがあると思うんですけど、完全にゼロからの専業農家は簡単ではない。まず、初期投資が掛かる。既存の流通システムの中で企業勤め並みに稼ごうとすると、機械やビニールハウスなどに2，000～3，000万くらいの投資が必要になります。

それ以外の農家業のやり方はないかと考えた結果、浮かんだアイデアが、忙しい農家の収穫を手伝った上に、さも自分の育てた野菜かのごとく野菜を売るというサブ的な農家はどうだろうかと。

収穫した人自身が売る産直、道の駅的な販売方法は理想ではあるんですが、多くの農家さんは忙しくてなかなかできないんです。梅の収穫時期なんて、収穫が朝6時から、選別も含めて夜10時くらいまで続く、時間との勝負なんですよ。毎日1tくらい収穫して、その日のうちに全部取りきらないと、もう翌日には腐っている。そうなるとネット注文をさばく暇はあまりないですよね。そこで僕が代わりに、Twitter や Facebook などあらゆる手段で現場の様子をレポートしながら、臨場感あふれるレポートで売っていこうという企画です。

「ああ、この人が収穫しているんだ」というのが目に見えて、たまにムカデに刺されたりとか、そういうのを見ている人が買うので、スーパーに並んでいる商品とは違って、親戚からもらった感じで買うんです。

買った人同士でいろいろな交流も生まれています。梅はレシピが重要なので、僕の梅を買った人同士がレシピを交換できる場をつくったんですよ。会ったことはないけど、この梅を買った人同士で「私は梅干しをつくりました」と発表して、「私もつくりました!」みたいなやりとりが起きています。

今日のテーマに関して、あらためて「なんで人が集まる必要があるのか」と考えると、いろいろな見方はあると思うんですけど、人が集まると、狙ってできない仕事が生まれるというのも大きいと思います。ある程度異質な人が、たまたまそこに居合わせたという状況をつくることが重要なんじゃないかと。

集まること自体が目的化してしまっても多分ダメで、かといってフリーに人が集まるとただの駅前みたいになって、それでは何も生まれない気もする。その絶妙なタイミングとか、いろいろな興味を持っている人が集まる仕事を自給することが「地域カフェ」には必要なんじゃないかと。

※1 伊藤洋志さんの11のナリワイ:
・モンゴル武者修行
・京都の会員制別荘「古今燕」
・「木造校舎ウェディング」
・「熊野暮らし方デザインスクール - 田舎で土窯パン屋を開く -」
・6月だけ和歌山県で梅農家(ナリワイ遊撃農家)
・花飾り「ハナアミ」の販売とか企画のお手伝い
・「地球のココロ」(@ニフティ)の連載(現在終了)
・ブロック塀ハンマー解体協会(2015年・2018年のトーク時は休眠中、2019年に再開)
・全国床張り協会
・シェアアトリエ「スタジオ4」運営
・野良着メーカーSAGYOディレクター(テスト担当)

「遊撃農家」をする伊藤さん。

それから、和歌山県の熊野古道の限界集落にある水害で水没した家を、自力で直す会も。なぜ自分で家を直さないのかというと、プロなら一ヶ月のところ、素人だと頑張って半年くらい掛かる。だけど、家賃が高いと半年もかけていられない、という理由なんです。だけど、ここは家賃が数千円ぐらいだから、まあどれだけ掛かってもやってみようと思える。

何かを地域で始めるにしたって、住む場所がないと始まらない。毎回、旅館に泊まる訳にはいかないですからね。それで、この家を改装した人はいつでも泊まれる、という条件で人を募ってみると、京都、大阪、東京、休学中の学生、タイで日本語を教えている日本語教師とか、いろいろな人が来てくれたんです。そうすると、それぞれの分野で活動している人たちなので、何かあったら協力し合える拠点になっていく。目的もなく来ることができる場所をつくってみた感じです。

とはいえ突然、若者が集団で家に集まると何の団体かと地域の人に怖がられる可能性もあるので、夏休み中は中高生に勉強を教える塾を一週間2万円でやったところ、噂が広まって、どうやらあの家は塾をやるために若者が集まっているらしいと。そうすると、「農協のビルが空いてるんだけど、何かやらないか」と声を掛けてくれたり。じゃあそこでゲストハウスをやろうと。それで、せっせと自分で直してるところです。家があると作業した後に大勢泊まって宴会ができるので、そこでみんなモチベーションを高め合って、作業を続けやすくなる。

他には、土窯でパンを焼くご夫妻に出会ったので、彼らのもとで年間10組くらい、一週間泊まり込みでパン屋の修行する教育プログラムもしています。その後移住をして開業した人が、4割くらい。今後、東京も含めていろいろな地域にさまざまな課題が出てくると思うんですが、そのうちの一つの「仕事」に関する壁は、その地域に住んでいる人の力を活かすことで解消できていくんじゃないかと。

ちなみに、移住者に聞くと、本屋がないというのが一つの不安要素らしいですね。本屋がないと、世間から取り残された感があるらしくて。それで新刊書店もつくりました。でも、ハードルがすごく高くて、加盟金が300万くらい掛かる。

菊地：一式揃える新刊書店をつくると、それくらいかかりますね。

伊藤：それじゃあ無理だってことで、京都のガケ書房に話を持ちかけて「店員はいますから」と、選書と配送はお願いすることにして。売り上げはガケ書房と分配する。配送料がかかりますが、新たに本屋をつくるよりはハードルが低い。カフェが併設されてるので、その収入で賄っていこうと。「コロコロコミック」が読みたいという子どもたちには、取り置きをしたりとか。まちにお店があまりにもないので、重宝されているようです。

地域で意識するのは、ニュートラルでいること

後藤：活動が多岐にわたっていますが、活動地域はどれくらいありますか？

伊藤：地域に入り込んで、という意味では和歌山県の集落が一つ、それと東京にシェアオフィスがあるので、大きくは二箇所です。あとはピンポイントで、僕がホストとして場所をつくって事業をしていたり、シェアハウス事業の手伝いや講師として行く地域もある。地域の空いている素材で何かできないか？を考えに行くという感じです。

もう一つ、京都もたまに行っています。なので、自分の場所を持っているのは東京、京都、和歌山の三箇所ですね。自分でできるのは三箇所くらい。それと、出身は香川県の丸亀なので、そこにも家を借りたいなと思っているところです。

後藤：先ほどの話で一番気になったのは、常に人が来るとか、誰でも来れるようだけど結界をつくる、そのバランスです。どういう接点でみなさん来てくれるんですか？

伊藤：一番多いのは、知り合いの知り合いです。場所をつくるときに、外部の人に発注せずに自分でやるんですが、手伝いに参加してくれる人のうち、なんとなく残る人、残らない人のフィルターがあるんです。それは閉鎖的なコミュニティにならないようにする方法の一つかなと。常に自分が体を動かしていると、一緒に作業せざるを得ないので、合う人、合わない人は自然に分かれていったり、また同時に仲良くなる機会がつくれるので、その人が友人を連れて来てくれる。減ったり、増えたりと自然にバランスをとって、人数を保つという作戦です。常に新しい人が来れるような場所にしないといけないので、そういう新しい人がたどりつけるルートは必要かなと。Webサイトとかは用意していません。

後藤：自治体とかは絡んでいなくて、個人と個人の接点なんですね。

伊藤：自治体には機会があれば話はするけど、こちらから何かしてほしいとか、やりましょうとは言わないですね。和歌山に関しては、友人が市議会議員に立候補したので手伝ったりして、2人当選しました。

出馬すること自体はハードルが低くて、一人5万くらい出資して、6人集まれば出馬できるんです。倍率という意味では、大学受験に合格するよりハードルが低いんですね。車は貸してもらって、みんなで街宣したり。僕も手を振るんですけど、年に一度のお祭りだと考えて、毎年一人ずつ出馬したら面白いかもしれません。よそ者が地域をかき乱すということじゃなくて、結局それくらいしないといけないってことなんです。地方自治体ではそのうち立候補者が枯渇して、選挙もできなくなる。選挙で選ばれていない人が議員になるのを防ぐ意味も兼ねてやろうと。

僕は外から来た人間なので、しがらみがない状態で関係性がスタートしたからこそできることがあるんじゃないかと思っています。例えば、議員がやりたいことを選挙後にできるようにしてあげるとか。

後藤：僕らが「山ノ家」で意識していることは、なるべくニュートラルでいるってことです。地元の人もいるし、芸術家もいるし、どちらの話も聞けるという立場でいたいなと。東京と新潟を行ったり来たりというなかで、常によそ者だけれども、その場所である程度、自分たちが面白いと思うことをしていくために、地域の人たちとの必要な折り合いをつけていくというバランスもあると思うんです。

伊藤：まちの規模にもよるかもしれないですが、僕の場合は人口減が甚だしい、このままだと本当にまちが消滅しちゃうんじゃないかという地域なので、そういうところでは折り合いも発生しないというか。もう10年早ければ、折り合いも重要だったと思うんですよ。さらにこれから10年経つと、平均年齢が80歳くらいになって、そうなると衝突する余力すらなくなって、人がいるというだけでプラスになる段階になってくると思います。そうは言っても、いろいろなケースがあるので、衝突が起きないように活動をしたいとは思いますね。例えば、農村地域に農業で新規参入するより、そこになかった仕事を見つけてやっていくほうが衝突は生まれにくいと思います。

そのまちの〝背景〟と〝ステージ〟

後藤：そこになかったジャンルということで、前回のゲストの菊地徹さんは、長野県松本市で、リトルプレスを扱う本屋がなかったから「栞日」を始めた、という話がありましたね。

菊地：前回のトークでは、何かを始めるまちの文脈がそれぞれにあって、その文脈によって内容もやり方も変わってくるというのが一つの着地点として見えたんですよね。僕の場合は、松本という江戸城下町から始まって、以来、いろいろなつくり手が集って、時の流れの中で民藝運動やクラフトフェアという大きなイベントが生まれて、文化芸術の花は開いていると思うけど、掘り起こせばまだ芽が出ていない種が何かしらある気がしていて、その種を拾い集めて作業している。そういう意味では伊藤さんと通ずるものがあると思います。

東京に対する「地方」という意味では、和歌山も松本も同じく「地方」だと思うんですけど、それぞれにまちのステージというか、さっき「10年早かったら違っていた」と言っていましたが、その時代、その場のステージがあると思うんです。「その地域にないものをつくれば面白くなるかもしれない」といっても、具体的に面白くなるのは、そのまちのステージにおける何なのかを見極めることなのかなと。

僕の場合は、外部から見ると文化的に成熟していると思われているようなまちで、地元の人たちが見ても観光面でのまちの整備もきちんとされていて、これ以上ないよっていうところに、いや、まだ伸びしろはあると思う、みたいなことをやっているので、まだないけどあるべきものをつくる話と、ほっといたらなくなってしまうようなステージの地域で、ないものをつくっていくことは、別の話かもしれません。ただ、その地域に対する好奇心とか、危機感みたいなものは通じるのかなと思いました。

伊藤：そういう地域のバックグラウンドを見ていくのって、大切なことなのに見過ごされがちですよね。例えば、どこでもサテライトオフィスをつくろう、みたいな話になりがちなんですよ。基本的なことなのに、共有されるところまでまだいっていない。

まちの背景とステージがあって、その上でいろいろな次元があるという議論をしていかないと、事例先行型になってしまう。話していると、基本的な認識が違いすぎてビックリすることもあります。「〇〇市はうまくやっているからうちでもやりたい」ってことじゃなくて、もうちょっと背景の部分を見てほしいというか。そのあたりが共有されていくといいですよね。

後藤：その地域の文脈やステージを感じとることは意外と簡単じゃないし、短時間では難しい気がする。そのあたりはどう発見していったんでしょうか？

伊藤：まず、なるべく住むのに近い生活をしてみるのがいいと思うんです。地元の人もあんまりしないですけど、例えば自転車で山道を走ってスーパーに買い物に行ってみたり。そうすると本当の距離感がわかる。山奥から市街地のスーパーまで頑張れば40分くらい掛かるとか、2時間掛かるとか。そうすると何が起きるかみたいなことは、体験して情報を入れないとわからない。

例えば、自分が高校生だったらこれじゃ塾には通えないと思うので、じゃあ塾を始めてみるか、という発想が出てくる。自転車で2時間掛かるなら、車でも40分くらい掛かるんですよ。塾はだいたい90分の授業ですから、お母さんが塾へ送って家に帰っても、とんぼ帰りになっちゃう。それは困るだろうなと具体的に想像してみるわけです。こういう生活に関わることを、いろいろなパターンで集中的にやっていくんです。毎日違う温泉に行ってみるとかでもいい。現地への移動手段も、夜行バスにしてみたり、新幹線にしてみたり。あとは観察力のある人を見つけ出して、その人から話を聞くとか。だいたい地域にひとりかふたりは必ずいます。その方とお話しする中で、直感でピンと来たことを実際にやってみる。仕事をつくってみると、仕事を受けた人から何かしらの反応がもらえるので、そこからまた考えたりします。

仕事をつくるということ

後藤：仕事をつくると言われましたが、一般的な「仕事」とは意味合いが違いますよね。作業をして、それによって報酬を得るということではない。

伊藤：地方で起業したい人って結構いると思うんです。その場合は、起業することでなんらかの仕事が発生していく。でも、そもそも自分でゼロから物事を起こさなくても、何か活用できる資源はあります。先ほどの話でいうと、衝突が起こらないタイプの仕事もあると思っていて。パン屋さんの営業日が週3日だったら、残りの週4日を別のことに使わせてもらうとか。

そういうふうにしていくと、いろいろなものが仕事になる。日給をもらえるアルバイトもありますけど、それだけだとあまり活動が広がらないから、自分で値段の設定ができて、やるペースもコントロールできて、生活を圧迫しない、生活をより面白くするものを、「仕事をつくる」意味として捉えています。パン屋さんにお菓子職人が習いに来て、逆に新しいパンのメニューを考えるとか。いいかたちで人が出会って何かが生まれていく状況をつくれるといいですよね。そういうことが日々行われているような場所さえあれば、仕事が生まれる素地になると思います。

後藤：確かに、日々何かしらの営みがある、居続けられる場所は大切ですね。「山ノ家」も結局、カフェを開業するということではなくて、自分たちが通うのなら、寝るのと食べる場所は必要だよねという発想からきていて、それが他の人とも共有できる仕組みになればもっと面白くなるんじゃないかということで、カフェ&ドミトリーにしている。それ自体が目的で始めるよりも、そうしたほうが面白い場所がつくれるかもしれないですよね。

伊藤：そうですね。

後藤：ちなみに、複数の拠点を持つときの唯一の課題は、『どこでもドア』がないこと」なんです。でも、都心で集合できる人同士でレンタカーに乗り合いをするのは､面白かったですよ｡初対面の人といきなり、「山ノ家」まで4時間くらい一緒に過ごすわけです。どうして行くのかって話を聞くプロセスで、車中という空間がすでに「人が集まる場所」になっているのかもしれない。普通に「山ノ家」に一泊する場合は、せいぜい2～3時間くらいの接点ですよね。それでも十分ですけど、それをさらに3倍くらいにした濃さが一緒に移動をすることで得られる。それはバスとか新幹線みたいな公共交通とは違う、車だからこその独特な時間と言えるかもしれないなと。

少し話がずれたかもしれませんが、「地域カフェをつくる」というテーマで言うと、先ほどの話のようにまず「人が集まる場所をつくる」ことが意味合いの裏にあって、その拡大解釈として、車の乗り合いとかもあるということですね。ちなみに、いろいろなことをやっていますが、ビジネス的にはどうでしょう。最小限で、身の丈の大きさの仕事をつくるということかなと。

伊藤：基本的に、元手のかからないことをたくさんやるってことですね。自分としては、そういう技を磨くことが今のところの人生の目標です。一人で生きていくには余裕でできるような仕事をたくさん開発研究する、みたいな。あまり大きくはならないですけど、そんなに小さくもない感じ。条件をいくつかクリアしないとできないこともあるので、チャンスは逃さず実行する気持ちで煽ります。

例えば、書店で著作のイベントをしたときにタイの領事館で働いていた人が参加してくれて、「私も何かやりたい」と言うので、タイの山岳民族と一緒に家を建てたら面白いんじゃないかと言ったら、本当に山岳民族で日本語が話せる人を見つけてきたんです。

それはもうやるしかないなって、その山岳民族の方と一緒に、屋根は茅葺きで、床が竹の家を建てたんですけど、それがめちゃくちゃ面白くて。もちろん山岳民族も近代化していて、最近は自分たちで家を建てることが減っているそうなんですが、60～70歳くらいのおじいちゃんならまだ、鉈（なた）一本で竹を切って、家を建てられるんです。そこで、同志を募って習いに行こうという企画をしました。

いざタイの村に行ってみると、ものすごい手際の良さで家を建てているんですが、さらにいつの間にか知らない地元のおじいちゃんたちも集まって手伝い始めたんです。多分、見ているうちに久しぶりに自分もやりたくなったんじゃないかと思うんですが、村の建築ってお祭りに近い感覚なんでしょうね。いろいろな人が参加できる。そこが発見でした。

こんな感じで「やりたいです」って言った人にアイデアと最初の課題を出して、その最初の課題がクリアできたら、本当にやるっていう、そうした瞬発力は大事だと思います。致命傷になるようなリスクがないなら、あまり深く考えすぎないほうがいい。

池田：とりあえずやってみる。

伊藤：そうです、とりあえずやってみる。もう少しいろいろな人を巻き込みたいとか、ちゃんと生活をしたいとなると、何かしら手を入れるところが出てくるので。やっていくうちに事業になるかどうかは見えてくるかなと。

あとは、どちらかというと参加してくれた人に合わせる感じです。その人ができることを考えて、やってもらう。つまり、人から考える。もちろん事業計画を立てて、それにふさわしい人を募集することもあります

「全国床張り協会」の作業風景。gift が空間を手掛けた十日町のシェアアトリエ「asto」でも、伊藤さんと共に参加者で床張りを行った。

が、場合によりますね。

後藤：伊藤さんは「全国床張り協会」というプロジェクトをやっていますよね。床さえ張れれば家には困らない、と。自分自身がインテリアデザイン出身ということもあって、空間をつくるとかハードウェアも含めての居場所に興味があって、「場所を持ちたい」という思いは共通するんですが、伊藤さんの場合はそれが先ではないような気がしますが、どうですか？

伊藤：空間にこだわりすぎると、その空間を守ることに注力しすぎて、活動が小さくなってしまう。なるべく手を加えないでよくなれば一番いいなと。

あとは、各自が自分でできる力をつけることに興味があります。床張りのできる人が増えれば、自分で好きに空間をつくれるようになると思うんですよ。「全国床張り協会」は、勝手にスキルを共有するのが面白くてやっています。床張りのスキルのある人がが増えると、住める物件がかなり増えると思う。なぜ空き家が多いかって、これ以上コストを掛けられないという理由ですよね。

ボロボロになってしまった家を再生させるのに、500万を掛けて元が取れるのか躊躇するので放置される。それが50万だったら可能性も出てくる。ひとりでやると大変なことになるので、床張りを覚えたい人の教材として修繕が必要な家を提供してもらって、材料費は施主が出して、参加者からは授業料をもらって僕らが丁寧に教える。参加者はみんな真剣ですよ。これは三方良しやなと思っています。

後藤：その視点が不思議というかユニークですね。普通にやろうとすると、自分でやってみようと思ったことをワークショップにする発想があったとしても、さっきの目的と手段の話じゃないですが、例えば改装することが目的じゃなくて、床を貼る行為をみんなで習得することが目的みたいになってしまいそうですよね。

伊藤：まず自分の物件の床を直す際にお金がなかったから、自分で覚えるのが一番でした。それで、床張りを覚える場所を継続的につくるには、家主の満足と覚える人の満足を両立させる工夫が必要です。

後藤：お金がないから、じゃあどうするかというアイデア、工夫の仕方が面白いというか。

伊藤：建築のいいところって、わりと素人でも参加できることだと思っていて、そこに焦点を当てて考えたナリワイです。作業してみると実感するんですが、極端な話、声を出すだけでも役に立てる。もちろん機械の力は省力化としてはすごくて、床を張ることだけを考えれば、コンプレッサーという道具で仮止めの釘を打って接着すればいいんですが、手作業で釘を打つやり方でみんなでやるのは、接着剤などを使いたくないというのもあるし、全員参加ができて、完成した時にみんなでいい仕事したなって思ってもらいたいからなんです。

自分の手を動かすと、みんなでつくったという達成感が生まれやすい。初対面同士があまり無理せず、なんとなく知り合いになれる作業として床張りを選んだ、という背景もあります。

後藤：床を張るために人が集まるのは、まさに「地域カフェ」だなと思っていて。ご飯とか飲み物をお金と交換する行為とはまたちょっと違うけれど、人がそこに行くことでハプニング的に誰かと知り合うとか。仮にカフェに置き換えたら、自分でご飯をつくるカフェみたいなものもできますね。食材を持ってきて、道具はあるから、つくりかたを教えたいとか、そういうことをやりたいと思うような面白い人が集まってくるのがカフェという場所であってもいいのかなと。

伊藤：そうですね。じつは、床張りをワークショップにすることになったのは、水害がきっかけなんです。紀伊半島の大水害で床がダメになってしまった家主、さっき話に出たパン屋の人から、「床の張り替えをワークショップにできないかな」って相談を受けたんです。僕自身も「そんなうまい話あるかな」と最初は思ったんですが、自分の活動を振り返ると床張りを覚えた威力は大きいから、確かに覚えたい人がいるかもしれない。ダメ元で募集したら結構な人数が集まったんです。

合宿のように床張りをして、夜におしゃべりしていたら「全国床張り協会」っていう名前を思いついた、という感じですね。最初はイベント的なやりかたをして、その思いつきが育つか実験します。それで、必要としている人が多いと分かれば本腰を入れていく。ワークショップってある意味、実験の場所でもあると思うんです。固定費もかからないし、応募者がゼロだったら、こんなもんかなってそこで終了。「全国床張り協会」も、参加者ゼロかなって思ってたんですけど、9人くらい集まって。

池田：告知はどうしたんですか?

伊藤：Twitterだけですね。急いでイベントページつくって。まあ、参加費は安いですけどね。ご飯付きで一日3，000円～5，000円とか。

池田：どこかに旅行に行くことを考えると、観光しているとすぐに一日そのくらいは使っちゃいますよね。それくらいで床張りというナリワイまで覚えられる。

伊藤：施工業者ではないので納期が遅れたら違約金発生みたいなこともないし、間に合わなかったら施主にもやり方を教えて一緒に作業をしてもらう。それでもOKな人が意外といるので成立しています。施主にとっていい点もたくさんあって、質や素材を自分でコントロールできる。自分はあの木材を使いたいって業者に言っても、ウチはこれは使わないからって断られちゃうことも多いんですよ。自分の家くらい、好きな素材を使いたいですからね。

僕自身はもちろん、仲間や参加してくれた人たちが、さまざまなナリワイを楽しめる環境をつくれたらいいなと思うんです。自分の時間をお金と交換するわけではなく、技をシェアしているので、必然的にコミュニケーションは生まれていくんですよね。そのあたりは、「地域カフェ」と近いのかもしれませんね。

2018

2018/05/25@gift_lab GARAGE ― 伊藤洋志（仕事づくりレーベル「ナリワイ」代表）

人生を盗まれない働き方

池田：最初のトークから3年が経過しましたが、身を置く環境が変わったり、当時と視点が変わったり。自分がいる座標軸もきっとそれぞれ同じじゃないよねということで、その辺の確認も含めて今回はお話できればと。

後藤：そうですね。伊藤さんはいくつか著書を書かれていますが、僕が面白いなと思ったのは『ナリワイをつくる』という本と、『フルサトをつくる』という本です。『フルサトをつくる』では、ふるさとと思える場所を、もうひとつ、あるいはいくつか持つという考え方で、僕らが東京で活動しながら新潟で「山ノ家」をやっていることで共感できる部分があるなと思っていて。『ナリワイをつくる』では、どう仕事をつくるか。

伊藤：はい、『ナリワイをつくる』は、個人が仕事をつくるための本で、『フルサトをつくる』は、世界的に都市化していて、田舎を持たない人がすごく増えているから、それを自分でつくってみてはどうでしょうかという本。二つの場所に住まいをつくるための考え方やこういう工夫するといいよ、というのを死ぬほど書いた本です。

後藤：死ぬほど……（笑）。そういう工夫が書いてあって、とても面白くて。そもそも「ナリワイ」とは何か、あらためてご説明いただけますか？

伊藤：僕は今、自営業なんですが、もともとは会社員として1年くらい勤めた後、フリーのライターとして雑誌『現代農業』の原稿を書いていました。文章を提供して報酬をもらうわけなんですが、自分の技能で仕

ゲスト：伊藤洋志（仕事づくりレーベル「ナリワイ」代表）
モデレーター：瀧内貫（「まちの教室」ディレクター）
聞き手：後藤寿和、池田史子（「gift_lab GARAGE」「山ノ家」主宰）

事をつくったほうが手っ取り早いのではと思って、元手がなくてもできる小さい仕事をつくり始めました。小さくても同時に3個以上やったら生計も立つし、一つ一つ理想を追求していけるんではないかと。複数やるとリスクが分散するだろうし、それぞれを売上至上主義でハードにやらなくてもいい。「ナリワイ」って元々、生業（せいぎょう）って書くんですが、いつもの生活と一体化した中でできるようなことを仕事にしてしまおうという活動です。

後藤：書籍のサブタイトルが『人生を盗まれない働き方』ですよね。言葉としてとても気になるというか、印象的だなと。

伊藤：気が付いたら盗まれるんですよ、人生は。

後藤：誰でもできる仕事になっちゃったり、あるいは仕事をするために何かを消費しなきゃいけない、と。

伊藤：そうです！例えば建築設計をやってるのに、忙しくて自分の家はどうでもいいような賃貸マンション住んでいるとか。そういうことが起きないようにしようということですね。

後藤：本末転倒にならないようにと。

伊藤：そう。だから自分の生活をつくっていく上で、余ってるものを他人に売るぐらいの感覚で仕事をやってみたらどうかという感じです。これまで、仕事を10個ぐらいつくりました。いろいろありますが、以前のトークでお話しした「モンゴル修行」以外にも、まだ実働させていない種みたいなナリワイもストックしています。例えば「ブロック塀ハンマー解体協会」とか（2011年に実験し、その後眠っていたが2019年に仕事になり始めた）。地方で中古物件を借りてセルフリノベーションをしようとすると、その過程でいろいろな技術が身につくんですが、そのうちの一つが、ブロック塀をハンマーでぶっ壊すという、普段は絶対使わない技術。自分でできるのに、業者さんに頼まなきゃいけないと思い込んでいると、知らないうちに何をやるにしてもお金が掛かる不自由さがあるんですよね。それを一つずつ解除してこうと。

だから、「モンゴル修行」とか、「床張りワークショップ」とか、「農作業着をつくるメーカー」をやったりとか、端から見るとジャンルが多岐にわたっているように見えると思うんですが、基本的には、自分が生活の中で必要なものをつくって、それを他人におすそ分けしてる感覚です。

まず僕が自分でやってみて、例えばブロック塀を壊せるようになって、これはやり方を覚えたら誰でもできますよと発信して、やりたい人がたまに相談に来るという感じですね。そんなふうにやっていると、場所もつくることになっていく。その地域でできる仕事をすることが健康という意味ですごく重要で、めちゃくちゃお金持ちになっても、一生働かなくていいとなったとしても、自分や身の回りの人が活躍できる要素をつくるのは、場所づくりでは欠かせない要素かなと。そんな感じで、ナリワイをせっせとつくっているんです。

地域を行き来をすることで、違う気づきが生まれる

後藤：都市生活をしていていると、仕事をつくるという考え方が、そもそも普通にユニークというか。就職をする、働くところを探すって感覚のほうがまだ大半な世の中なんじゃないかと思うんですが、仕事をつくるってどういうことなんだろうと。もちろん起業するというパターンもありますけど、そこまで行かない。伊藤さんの場合は、もうちょっと小さな活動ですよね。

伊藤：そうですね。ある種の、めちゃくちゃ小さい仕組みですぐ始めるタイプのビジネスモデルです。でも、ただ考えても出てこないことも多いんですけどね。例えば都市部と田舎で二つ拠点を持つことは、全く異なる環境を行き来することなので、思いがけないギャップを体感できる機会が増えると思うんですよね。そういう思いがけないギャップからの気づきを見つけることが、ナリワイづくりのネタになると考えています。

後藤：そういうギャップを通して、ひょっとしたらこれってナリワイになるんじゃないか？とふと気づきが

落ちてくるみたいな感じですか？

伊藤：そういう感じです。これは、日本の経済が絶好調だった時代はわりと行われていたような気もするんです。例えば、冬に東北から東京に出稼ぎに来ている人だとしたら、地元の生活も東京の生活も知っている。今は人が動かなくなってきてるので、煮詰まってきている感じがします。

後藤：環境を一つに固定して、あまり動かない。

伊藤：そう、動かない。ずっと同じ場所にいる感じなんじゃないかと。30〜40年前ぐらいは、各地の在来線などで行商のおばちゃんを見かけたと思うんですけど、今はあまり見かけない。東日本大震災後に脱東京、地方がこれから来るぞと移住した人も結構いたけれど、最近はもうちょっと柔軟になってきて、僕の周辺でも、地方で仕事をしていて、一度東京に出て、また戻ってくる人もいたりして、状況に合わせてどちらでもいいというか、そういう行き来ができる状況になりつつあると思いますね。

後藤：僕らも「山ノ家」は、まさに震災がきっかけです。自分たちはずっと東京で生活をしていたけれども、東京のギリギリ危うい部分がちょっとめくれて見えたような感じで、このままずっとここにいるだけでいいんだろうかと考え始めたんです。それで、急に地域で何かをすることが自分ごととして入ってきた。だけど、完全移住するつもりはなかったわけです。多分、移住したとしても、結局は一つの環境に固定されることに変わりはないんじゃないかと思っていて。だから、行き来をすることで、伊藤さんが言われたように、違う視点がたくさん生まれるというか、違う気づきがたくさん生まれる、そういうことができたほうがいいなと本能的に感じていたんだと思います。

伊藤さんの話で面白いと思うのは、ナリワイをつくることと、場所をつくるというか、行き来することというか。おそらくその辺が、僕らとの共通点で、興味深い。伊藤さんの一つ一つの活動をはかなりユニークですが、それをそのまま真似してくれっていう話でもないかなと。

伊藤：そうですね。

後藤：だから盗まれないってことなのかもしれないですけれど。

伊藤：好きなところを適当に採用してもらえればいいかなという。

接点のない人たちをつなぐということ

後藤：前回のトークで、「立場の違う人が同じ作業をする状況をつくることが重要」って言っていましたよね。

伊藤：そうですね。

後藤：ここも興味を持ったところなんです。場所を一つに固定してしまうことと同じように、やはり近い人が集まってしまうことってあるんじゃないかなと思って。

伊藤：ああ、なるほど。

後藤：「山ノ家」を始めた時に、そもそも「大地の芸術祭」があったり、ある程度首都圏から観光で人が来る時の拠点に、足掛かりの場所になればいいんじゃないかと始めたんですけど、地元の人にも来てもらえたらいいなというかなり漠然とした中で、いわば無計画に始めたわけですが。でも蓋を開けてみると、セグメントされていない、いろいろな年齢層のいろいろな目的の人、それこそ海外の人も来る中で自分たちがそういう人たちと接していると、日常生活とは違う部分を感じるというか。そういう場にいろいろな人が出入りして、ひょんなきっかけで知り合うことができる場所をつくれたら面白いなと思っていて、実際そうなりつつあるのかなと。

池田：正直なところ、東京にいるとどうしても、比較的同質の人が集まりやすくなってしまっているのかなと。「山ノ家」にしても、「山ノ家」というフィルターが掛かってしまうから、あの地域においては同質の人が集まっているかもしれないですけど（笑）。

伊藤：それは、そっちも大事です（笑）。

池田：東京だったらお会いできなかっただろうなという年齢層の人とか、農業で生きてきたような人が普通に集っていて、それ以外に自分たちが東京でよくお会いしていたアート・デザイン関係の人も来てくれている訳で。そういう普通なら接点のない人たちが同じ空間と同じ時間を共有できているのって、東京ではあり得なかったことで、奇跡的と思ったんですけど、そんなの地方じゃ当たり前だよって言われて、目から鱗が落ちる感覚でした。過疎だからこそ「そもそも論」として他に場所がないので、驚くくらい普通では一緒に居ないような人たちが同時に同じ場所を共有する現象が出てきてしまう。

そういう風景を見たい人は、絶対に地方で拠点をつくるべきだと思いますね。こんなことが起こり得るんだと、めちゃめちゃ感動しますよ。田んぼから帰ってきたおじさんとか、ジョギングをしている地元のお父さんとかと、地球の裏側から来たアーティストが身振り手振りで楽しそうに会話が始まっていく。特に紹介なんかしなくても、「何やってるの？なんでここにいるの？」と勝手にコミュニケーションが進む。カフェを開いていることそのものが、例えるならば実験室というのか、培養土を撒いた器みたいなものをつくれたのかなというのが、醍醐味を感じるひとときですね。

複数のナリワイを持つことで、帳尻が合う

伊藤：そんな場所があったらやっぱり行っちゃいますよね。

池田：そもそも、単に自分たちが欲しいものをつくっただけというところがあって。さっとランチが食べ

れたり、コーヒーだけでも飲めて、ちょっとパソコンを開いてっていう場所がないので、いろいろな人がいる場になれちゃったんだなと。

伊藤：「山ノ家」はカフェ＆ドミトリーですが、カフェとゲストハウスって、ある意味では定番になりつつあると思うんですよ。

後藤：そうですね。

池田：当時はあまりなかったんですよね。

伊藤：標準装備するべきものって感じかなと思います。

池田：今となってはそうですね。自分たちが欲しいものをつくったので、どうぞ一緒に使いましょうと開放して、その使用料をいただく、維持費を分担していただくシェアハウスのようなイメージ。

伊藤：お店をやるというよりは、通うのでつくったということですよね。通うことが前提としてあって。

池田：そうです。だから、自分たちと使ってくれる人たちで、掛かるコストがペイできればいいのかなと。商売として成立しているのかと聞かれると苦しいですが、最低限の経費が賄えればという緩やかなやり方をずっと取ってきたんです。最近は開けてない日もあるので、それでいいんだろうかと反省もしたりして、この6年の間に（2018年のトーク当時）紆余曲折はあったんですね。とにかく毎日開けようってスタッフ何人かでシフトを組んで、必ず誰かいる状態をつくった時期もあったんですが、若干無理もしていて。

伊藤：無理というと、どの辺りがですか？

池田：カフェとドミトリーって、利用する層は違っていて、飲食店のお客さんは結局のところ地元の人、ほぼ歩いて行ける距離の人。とはいえ地方なので、車で20～30分以内であれば結構遠くからでも来ちゃったりするんですけど。

伊藤：車で20～30分って「近所」ですからね。

池田：東京でいったら二子玉川から清澄白河まで来るようなイメージですけど、地方の人はそのくらいは苦にならないんですね。そういった域内の人がカフェのお客さんで、ドミトリーのお客さんは、泊まらなきゃいけないくらいの遠方の人。だから同じ建物の中に二つの機能があるけど、開き方が違うんですね。もちろん泊まった人がご飯を食べたり、お酒を飲んだりというケースもあるんですが、基本カフェは地元の人メインに開かれていて、泊まる場所はよそ者メインに開かれている。そして、むしろ泊まる人たちの方が、ある程度自分たちと同質な場合が多いですね。

松代のような里山って、外でお茶を飲んだりご飯を食べたりする習慣がほぼないんです。宿泊が多い週末以外は、地元に対して開いてはいるものの、お客さんは本当にパラパラという感じなので、今年は実験的に、ウィークデーはコワーキング・カフェみたいにして、ドリンクのみにしています。そうすると、コーヒーの淹れ方くらい覚えれば、その日にお手伝いに入ったような人でも対応できる。今までは、ドミトリーのケアもできて、キッチンに入ってご飯もつくれるスタッフで回していたので、かなりヘビー級だったんですね。

伊藤：なるほど、そうですよね。

池田：ヘビー級のスタッフに対しては、ライト級のお給料という訳にもいかない。だんだんと、一日に何時間かお店番をしてくれる程度のライト級の業務を手伝ってくれる人の裾野が広がっていっている感じ。

伊藤：6年の間に、いろいろと変わってくる。そういうふうにやり方を変えていくのは、結構重要ですね。

変え続ければ、どこかいい着地点が見つかるのだろうと思います。

後藤：伊藤さんが言っていた「カフェとかドミトリーって地域の中で標準装備として必要なのでは」という問いは、きっと他の地域でもありますよね。カフェが欲しいとか、カフェがあるといいなとか。

伊藤：「地域に何があるといいかな」という話をするとそういう話になりますね。でもビジネス的に考えると、

池田：正直、苦しいです。

伊藤：日本においては、カフェって儲かりにくい形態ではあるかなと思います。

池田：そうですね。商売のためにカフェを開けているのではなくて、開けること自体が要点。

伊藤：みんなの願望と市場経済が噛み合ってないという感じで、みんな悩むところだと思います。

池田：そう。だからカフェだけだとおそらく難しくて、私たちはカフェ&ドミトリーを始めた訳ですが、二つの生業を同時に始めて良かったなと思っていて。複数のレイヤーを持つというか。どちらかだけだと、厳しかったかもしれないと思っています。

伊藤：一つだけだと厳しかった？

後藤：完全に目的化されてしまうというか、カフェのために働かなきゃいけなくなってしまう。

伊藤：確かに開けるということに対しては、わりと労力が必要なんですよね。人がいなければいけないから。二つぐらいナリワイを持っていたほうが、過疎の進み具合では帳尻が合うのかもしれません。二つ同時にや

ると相乗効果があることもありますし。

後藤：チャンネルを多めに持っておくのが有効だということですね。

池田：いわゆる「里山資本主義」的経済で、物々交換で成り立ってしまうようなところがまだある社会なので、例えば、一軒家の空き家が都市部の駐車場を借りるより安いんじゃないかっていう値段で手に入ってしまったりするんですね。ご近所の人は、ほとんど「半農半X」の働き方をしているので、自分の畑でつくったけど食べきれないという野菜がどんどん届けられたりします。中には、ごんぎつねのように、朝起きると玄関の前に茄子や胡瓜の山が置いてあったりして。ありがたいですよね。「山ノ家」にいる時は、ほとんど生活費を使わないでいられます。だから、地方で複数の生業を持ってたらなんとか生きていけるんじゃないかというのは確かに実感としてありますね。

伊藤：そうですね。衣食住が充実していて人間関係が充実していれば、楽しく暮らせます。

瀧内：僕が住んでいる長野市の人口は38万人ぐらいですが、それでも田舎みたいな地域はあって、さっきのごんぎつねみたいな話は結構あるんです。2日おきに一袋丸ごとの茄子が届くとか（笑）。一方で「半農半X」については、三分の一くらいの方がそうかな。

始まりはあっても、終わりや到達点があるわけではない

後藤：今の話につながるかどうか分からないのですが、複数のナリワイをつくることを実践されていたのが3年前で、それはいい意味でおそらく変わらず継続しているんですよね。3年も経つと、いろいろと変化もあると思うんですが、伊藤さんはずっと続けていて、そこが面白いなと思ったんです。一般的なビジネスだと、プロジェクトの始まりがあって終わりがある。そういう感じでステップを踏みながら次に進んでいくと思うんですが、始まりはあっても、終わりとか到達点があるわけではない、ということなのかと。

伊藤：そうですね。例えると農業みたいに、畑を整備していくような感覚で自分がつくったナリワイをメンテナンスしている感じです。最近、シャインマスカットっていうブドウが流行っているから新しい木を植えてみるか、みたいなことはあるかもしれない。でも、ナリワイを10個くらいつくったら全部はできないし、これは今の自分の生活には合わないからやめよう、みたいな新陳代謝は行われているという感じです。

後藤：変わらないようで、変わり続けているみたいな。

伊藤：そうそう、細胞と一緒で。細胞は入れ替わるけど、人は変わっていないという感じで、生き物としてビジネスを考えようと。

後藤：そう、その辺が面白いなと思うんですよね。

伊藤：そういうふうにしないと、人間の寿命と合わないんですよ。例えば、プロジェクトベースだとすごくサイクルが短くて、会社が5年で廃れてしまうとか、10年で倒産するとか。人間の寿命はもうちょっと長いので、ビジネスが5年で盛り上がって盛り下がって消えていく過程にあまりのめり込むと、人生を失うことが多いと思うので、そういうペース感に巻き込まれない、別のペース感のビジネスをつくったほうがいいんじゃないかと。別のペース感のほうが、地方の暮らしとの相性はいいのかもしれません。

後藤：確かに。

伊藤：とはいっても、物々交換経済のおかげで地方の生活は保てると思うんですが、10年ぐらい先は大丈夫かなと思いつつも、今のうちに手を打っていかないといけない部分もあると思っています。田舎でも社会が持続できるようなビジネスモデルを考えなければ、とナリワイを一つずつ毎年発表して、使えるものかどうかを自分で確かめるという。研究費は出ないけど勝手に研究してるみたいな感じですね。誰かに研究費を出していただける訳ではないのですが、研究すなわち自営業の実践なので、ある程度自家発電ができます。研究して、自分がやってこれは地方向きでいいぞ、というビジネスモデルができたら、書籍にして、みなさんも真似をしてやってみたらどうですかと問う。

池田：ああ、なるほど。そういう流れなんですね。面白い。

伊藤：ゲストハウスにしたって、そもそも日本には存在していなかったですよね。ある程度ビジネスモデルというか、こういうポイントをおさえれば誰でもできるっていうふうになってきた。各地でゲストハウスができているというのも、そういう意味でいいことだと思うんです。

池田：そうですね。「山ノ家」にしても、人を泊めるカジュアルな場をつくろうと思ったときに、何を手本にしようかって、あまり当時はなかったんですよね。

伊藤：6年前といえばそうですよね。

池田：当時、東京・台東区で「toco.」というゲストハウスをやっている彼らに一日の流れとか、いろいろと教えてもらえたのが私たちもすごくありがたくて。自分たちも聞かれたら、「こうやってやればいいよ」っていうのをなるべくオープンソースにしたいと思っていますね。そういうノウハウが広がっていくと、地方の生業をつくる人が増えていくんじゃないかと思います。

伊藤：地方で生きていく選択肢が増えることは、結構重要だと思います。

池田：そうですね。伊藤さんは書籍化してオープンソースにしているけど、私たちはオープンソースにするのがまだあまり上手じゃないのかもしれない。でも自由大学での講義はそういうことなのかな。必ず「山ノ家」にフィールドワークに来てもらっているんですよ。

伊藤：うん。実際に自分の足で行ってみて、できるかもと思えるかどうかが、じつはインパクトが大きいと思うんですよね。

池田：そうですね。ですから現場に来てくださるのは嬉しいし、見て感じていただけるものはきっとあるんだろうなと思います。個人発信型のゲストハウスとかカフェって昔からありましたけど、自分たちみたいに異業種というか異分野から飛び込んでもできちゃうんです。やれないんじゃなくて、やらなかっただけなんですよね。

人の営みを動かすものは、お金だけではない

伊藤：多額の借金をして、過剰な投資をしなければいいだけかなと。

瀧内：「山ノ家」は……、

後藤：少なくはないって感じですね（笑）。

池田：私たちにとって少なくはない借金をせざるを得なかったですね。リノベーションで、自分たちの手ではできなかったことに。床も一部自分たちで張ったし、ペンキを塗る作業とかは自分たちでやりましたけど、できない部分もあるんですよね。「やってみたい人！」ってインターネットで声を掛けて。将来的にカフェやゲストハウスをやってみたい人とか、建築を手がけていてリノベーションの現場を体験してみたかった人、アートが好きで「大地の芸術祭」の期間中にそこに住まわせてもらえることが面白そうっていう人とか。そうした若者たちと自分たちでできる限りのリノベーションをしたんですが、専門の職人さんにしかできない設備工事とか、ベッドがなければ人も泊められないし、カップがなければお茶も出せないということで、さまざまな備品調達にもそこそこ掛かったという感じで。

後藤：一般的なビジネスと同じで、10年掛けて返すぐらいのイメージでやっていますね。伊藤さんの場合は、もうちょっとコンパクトにいっている気がします。

伊藤：いや、あまりにもゆっくりすぎると思う企画もあって、お金を借りたほうがいいかなと思ったりもします。借りていないですが。

後藤：（笑）。

伊藤：DIYも種類によっては時間が掛かるので、さっさとやっておけばよかったと思うことはあります。適正規模でやれば。極端に自分たちの力だけでやろうとして、時間が掛かり過ぎちゃったこともあったし。1年くらいでできるかなと思っていたら、5年くらい掛かってまだ進行中ですが家賃が尋常じゃなく低いので結果的にはまあ、なんとかなっています。

池田：そういう意味では、地方って都市部みたいにお金で時間を買う部分は少なくて済みますよね。

伊藤：少なくできるのは確かです。

池田：そこがやっぱり利点かなと思いますね。やっていることの心持ちは、東京にいる時と新潟にいる時とあまり変わっている気はしないけれども、お金で時間を買わなくていいという環境はすごいなと思いますね。お金の価値が本当に違うなと思って。お金で買わなくても手に入るものが存在する。地方にいると、お金だけが経済というか、人の営みを動かすものじゃないと感じますね。

後藤：よく、移住促進イベントにゲストで登壇させていただくと、「移住に興味があるんですが、いくらあればできますか？」って質問があるんですよ。

伊藤：なるほど。

池田：「いくら貯金したらいいですか？」みたいに聞かれるので、「うーん……」ってなります（笑）。

後藤：つまり、丸ごと買おうとしている感覚があるんですね。都市生活をしているとそういう感覚になってしまうのかなのと思いました。

伊藤：確かに、都市は計画性の空間ですから。

後藤：最初からすべて「買おう」とするというか。

伊藤：それぐらいしか思い浮かばない人が多くて、とりあえずお金を用意するのは目標としては分かりやすい。

後藤：その意味でいうと、僕らはほぼ真逆をやっていると思うんです。丸ごと買うのにいくら掛かるから、これだけ貯めないと始められないというよりも、ちょっとずつでもやれることを探して選択する感じじゃないかなと。お金を掛けるか掛けないかを決めなきゃいけないというよりも、やれることをやり始めること。金銭的な負担が負えないところは、時間を掛けてもやる。

伊藤：これぐらいのことするんだったら、これぐらい掛かるというのは調べればわかるので、あとはやるかやらないか。これは1，000万円掛かる、これは10万円掛かる、といういろいろな選択肢から選んでいく、みたいなことだと思います。

後藤：そう思います。自分たちの状況に応じてパーツを選択して組み上げていくのであって、セット買いできるものではないですよね。

地域の人に、無理に自分を合わせない

池田：あともう一つよく聞かれるのは、「地方で孤立してしまうことってありますか?」みたいなこと。地方に移住したのはいいけれど、すごすご都市部に帰ってきたみたいな話をよく聞くんですが、それは、みなさんがとてもいい人だからじゃないかと。地域の人との調和を図って、とにかく合わせようとして疲れてしまうんじゃないかと。私は、そもそも調和ってするのだろうか?というのが前提条件かもしれない。

伊藤：その前提条件を持っているのは、すごいことだと思います。むしろ「地域にいかに溶け込んでいくかが大変重要である」という前提が言われていますよね。

池田：でも、意図して溶け込もうとしなくていいと思うんですよ。むしろ合わせようとすることによって摩擦が起きる気がしてしまうんです。「あなたはあなた、私は私でいいじゃない」って、互いをあるがままで認め合いたいというスタンス。だから無理に合わせてはいないです。OKなことはOKだけど、NGなものはNGなので、例えば、地元の男性メインの寄合というか飲み会にあまり付き合わなかったりとか（笑）。そういうのがあまり得意ではないって最初から言っておいたので。「自分はこういうことはOKだけど、こういうことは苦手かも、ごめんなさい」って正直に言って、やってくしかないのかなって思いますね。

伊藤：そうですね。お互い意思疎通ができれば、それでいいはずなんです。

池田：無理に合わせようとするから、無理が出てくる。無理が重なると過労になりますよね。だからできるだけ無理をしない。それは女性だから許されるのかな、男性だと付き合えって言われると、断れない部分もあるのでしょうね。

伊藤：そういう処世術は多分ある。コミュニケーションを拒絶してる訳ではなくて、ここは参加できないけ

ど、ここからできるという範囲は用意されている。

池田：自分が大丈夫な範囲であれば、大丈夫なんですよ。

伊藤：大丈夫な場所をそれぞれがどうやって用意するかが重要で、そういう意味でナリワイをつくるのは便利で、口下手でも、仕事という共通の場があれば他人となんとかやりとりできるから、そういう意味では人付き合いが苦手な人にも優しい仕組みではないかと思っています。

池田：そう思いますね。ナリワイがコミュニケーションになるっていうのは、確かにあるかもしれないですよね。

伊藤：僕は最近、農家であると名乗って、梅農家のネット販売を手伝っているんですが、特に田舎では、食べ物って誰でも共通の話題になるので、「梅の仕事をしているんです」と言うと自然と「うちの親戚もやってます」みたいな会話になっていく。共通の話題がつくりやすくて便利でした。

池田：なるほど。

伊藤：だから人付き合いの苦手な人こそ、ナリワイを持つのがいいと思って。

池田：そうかもしれないですね。

伊藤：3年前にもお話ししましたけど、今も年間10%くらいの日数を過ごしている和歌山では、いきなり家を借りちゃったんですが、突然だったので周辺の人に怪しまれたりするというか、接点を持てないので、塾をやったんですよね。夏だけ学習塾をやったらどうなるかなと、チラシを撒いて。やってみたら高校生が2人ぐらい来たんですけど、それだけで「あの人たちは勉強を教えに来ている、都会から来ている若者たち」という認識が成立する。

後藤：いきなり認められる。

伊藤：少なくとも不審がられない。突然友人を呼んだりしていると、若者が10人集まっているだけで、異常事態として通報されかねない。

後藤：何の前提もなく、何の前触れもなくやっていたらそうなるでしょうね。

伊藤：通報までいかないにしてもいぶかしがられるので、そういう先手を打ちました。高校1年生ぐらいの勉強だったら教えられるっていう特技を提供しただけなんですけど。これは一つの方法かなと。

池田：本当に発想がしなやか。確かに高校生ぐらいの勉強だったら教えられるかもとか、頑張れば床ぐらい張れるかもとか、梅はつくれるけど売り方がわからない農家さんのネット販売をしてあげればいいんだとか。

伊藤：そうですね。

そこに空き物件があったから

池田：高校生に勉強を教えようとか、床を張ろうとなったきっかけは、一つ一つ必要に迫られてという感じですか？

伊藤：そうですね。地域の人と雑談をしていると、「塾が遠くて大変」みたいな、地域における悩みが出てくるんですね。そうすると、何か策はないかなと考えます。そうしたらちょうど、塾がハードワークすぎて辞めた知り合いがいたので、その人に塾長になってもらえば一石二鳥ではないかと思って、呼んだんです。

後藤：地域への入り込み方がすごくスマートというか、不思議というか。ほとんどの人は、地域の人と仲良くしなきゃ、みたいなところから入ると思うんですが、そうじゃない。

伊藤：仲良くするにもきっかけが必要だから、そのきっかけをどうつくるかなんです。

後藤：その一歩手前の策を考える。

伊藤：そうですね。それを、コミュニケーション力が高くなくてもできる方法を考えようという作戦です。そうすると、相手にとって価値のあることは何だろうと考えるパズルゲームが始まっている。

後藤：意外とロジカルに考えている。

伊藤：はい。ある人にとっては難しくて苦痛なことだけど、別のある人にとってはすごく簡単なことを、どうやって発見して組み合わせるかを毎日考えている。僕は、それを専業のビジネスにしなくてもいいとルールを緩くしてるので、わりと発見が早いというか。

後藤：大きなビジネスを回していく必要性はないから、もうちょっとライトに。

伊藤：そうそう。組み合わせをたくさん出してみて、とりあえずやってみて上手くいきそうなら続けるし、一回で終わっても損害が出ないようなことを選ぶ感じで。

後藤：場所の見つけ方はどうですか？例えば、和歌山とか。

伊藤：何かしらきっかけがあって2〜3回通っているうちに、信頼できる人に出会っていいところだなと思ったという感じです。

後藤：人が、地域に対してコミットしたいと思ったときに考える選択肢とか考え方と、いい意味で違う気がするんですね。「ここに住んでみたいとか、こういうことをやってみたいとか、そこから入っていないというか。

伊藤：環境資源として捉えれば、日本ってどこもいい土地ですからね。

後藤：そこに空き物件があったからとか、理由がわりと身近なところ。

伊藤：基本的には、その地域に関わる人との相性を優先しています。たまに、「島根県のものですが、家をもらわないか」と突然連絡が来たりするんですけど、知り合いでもない人から家をくれると言われても、あんまり気持ちが盛り上がらない。どちらかというと、その周辺環境全体というか、人がきっかけですね。逆にスペック比較して地域を選んでも、何の決め手にもならないと思いますね。

後藤：相対的にここがいいと思うから、という感じではないということですよね。

伊藤：はい、僕の場合は。それでも、こういうビジネスを田舎でやるぞ、とかだったら、環境で決めることはあると思います。

後藤：実際はそういう選択をすることってありますか？

伊藤：あんまりないです（笑）。

2018

2018/06/01@gift_lab GARAGE ｜ 山倉あゆみ（シンクボード代表）

あと何回、両親に会えるのか？

後藤：早速ですが、新潟県内で食に関することを中心に興味深い活動をされている山倉さんに、どういったことをやってらっしゃるのか、自己紹介をお願いできればと。

山倉：はい。10代の頃から料理人をやっていまして、新潟ではドイツ菓子の製菓製造やパティシエとしてフリーランスで活動していました。その後、東京にも一度出ています。東京時代はおふたりと同じIDÉE（イデー）で、ケータリングやレストランの飲食部門に所属したりしていました。他にも当時中目黒にあった和菓子のHIGASHIYA（ヒガシヤ）さんや自由が丘にあったcuoca（クオカ）という製菓材料のお店など。それ以外にもアルバイトなどで13の仕事をやっていました。10年前に新潟に戻ってからは、結婚し、子育てをしながらケータリングチームを組んだり、市の職員として働いたり、古民家レストランをつくったり農産物のブランディングにかかわったりと、本当にいろいろな働き方をさせていただいてます。

池田：何年くらいの間に13のお仕事を？

山倉：4年くらい。東京にいた頃ですね。本業の料理の仕事とは別に、常にトリプルワークで働いていました。新潟ではオーダーメイドスイーツのパティシエという仕事を自分でつくって、一応独立していたのですが、それまでの積み上げを無にして東京に出ることになって、それまで考えて進んできた「将来の夢」というものを一度リセットして、あらためて自分に何ができるか考えなければいけませんでした。これは自分の本業と思っていた料理人の仕事に関わりつつも、とにかくなんでも目に留まったアルバイト、やれそうな募集には応募してみたんです。カスタマーセンターのオペレーターとか、耳鼻科の受付や医療補助とかは、結

ゲスト：山倉あゆみ（シンクボード 代表）
聞き手：後藤寿和、池田史子（「山ノ家」「gift_lab GARAGE」主宰）

構気に入って長期でやってましたね。単発のものもいっぱいやって、面白かった仕事としてはおもちゃのロボットを売るデモンストレーターとか、有明ビックサイトの大ホールで影アナウンスとか、インカムをつけて、大きな学会の運営会社スタッフとか。初心に戻ってウェイトレスも皿洗いもやりました。子ども時代が終わり、社会に出るという延長線上で、自分で決めたはずの「自分の職業、将来の夢」という概念が覆るような、なかなかおもしろい時期でした。

池田：多岐にわたってますね。とは言っても、自分の中の一番の重みとしては、やっぱり食にかかわる分野ですか？

山倉：東京時代は、それこそIDÉEでのお仕事もそうですが、憧れのチームに所属してどんな仕事なのかを体験してみたくて、コンタクトしては飛びこんで行きました。IDÉEに入ったのは六本木ヒルズがオープンした年で、ちょうどアジア・エスニック料理のROJAK（ロジャック）とIDÉE CAFE（イデーカフェ）が六本木ヒルズにオープンしてものすごく華やかなタイミングでした。

後藤：IDÉEのスタッフが最も多かった頃ですね。デザインショップと飲食を含めて、10店舗以上ありましたよね。

山倉：その当時、IDÉEには自分と同じ20代で既に社内で大活躍されている人たちがたくさんいて。今でもご活躍の方が多いですし。当時20歳そこそこの私には憧れの集積でした。そうした現場にいられたことはすごくラッキーだったなと思います。そのあとが中目黒のHIGASHIYAで、和菓子と御茶やお酒を提供する茶房のお仕事を経験して。cuoca本店では、そこで取り扱っている膨大な製菓食材をお客様のためにコンシェルジュしたり、店頭のオープンキッチンでお菓子をつくるデモンストレーターやったりしました。料理系の専門職としてはこの3つの仕事を。それ以外に、さっきの13の仕事というかアルバイトをやっていたんです。もちろん、たくさんの仕事をこなしていた理由としては、都会のど真ん中で自活しなくてはならない、生活のためという背景もありました。でも、ただ働くこと自体好きだったし、どの仕事もすごく面白かったんです。そんな時、新潟県中越地震（２００４年）と中越沖地震（２００７年）があって、中越沖地震の時かな、ちょうど新潟に帰る予定があったんですが新幹線が地震で脱線して帰れなくなったんですよね。

池田：新幹線が脱線!?

後藤：そんなことあるんだ。

山倉：ショックでした。それまでは、東京にいてもいつでも新潟に帰れるから、今は東京でいいやと思っていたんですけど、それがもし何かが起きたら、簡単には帰れなくなるかもしれないんだという現実を突きつけられたんですよね。以前に少しだけ感じていた田舎の窮屈さの原因も東京で暮らしてみて、逆によくわかったし、考えてみたらこのままだと、大好きな実家の家族とか両親にあと50回しか会えないと思って。

後藤：計算したんですね。

山倉：お盆とお正月だけ帰ると考えて、親の寿命を加味するとですね。やっぱり近くにいたいなと強く思って、２００８年にパッと帰りました。

新潟でケータリングチーム「DAIDOCO」を始める

池田：新潟に戻ってからは、どんなことを?

山倉：新潟に戻った２００８年から２００９年にかけて、結婚や出産という機会もあり、社会人になって初めて、何もしていない時間を長めに半年くらいとることができました。と言っても簡単なアルバイトはしながらなのですが、それでも寝る間も惜しんで働いていたのと比べたら、もう、全てがゆっくりな日々です。

住む場所がある。食べるものも豊富だから最低限、暮らしには危機感を持たずに済む。その上でゆっくり暮らす。そんな人生があるんだなって。

せっかく時間がゆっくりなので、今まで見てこなかった場所をあらためていろいろ見て回っていたんですが、海も山も公園も、人が誰もいないんですよ。普段からあまり使われてないように見えました。東京だとそういう「使っていない」場所が少しでもあったら、そこで何か表現したいと思ったり、商売につなげようとする人たちがたくさんいて、でも都会にはそんなスペースはないし、使おうとすれば莫大なお金も掛かるという状況だったのに。などという思いを抱えながら、自分のできる仕事のかたちを模索していました。

そんな時出会ったのが料理人の熊倉誠之助。新潟出身で年齢も近く、当時沖縄から数年ぶりに新潟に戻って来たばかりの状況もどこか似ていました。フリーの出張料理人として活動していた熊倉に出会ったのがきっかけになって結成したのがケータリングチームの「DAIDOCO」です。

彼を紹介してくれたのは、新潟の西の果てにある集落で15年以上移住生活をしていた実の妹。彼女が結婚することになり、その集落での結婚パーティーを希望していてお手伝いをすることになったのですが、なにしろその集落で結婚式を取り行うのが90年ぶり。もちろん、周囲には料理屋さんもありません。自宅の庭でガーデンパーティーをやりたいという妹の夢を叶えるために、新潟でお料理をケータリングしてくれる店を探したんです。そんな難しいことではないと思っていた。でも違いました。そもそも、料理店以外の場所で料理の提供をするという前例がない。普通の料理屋さんにお声掛けしても、通常営業をお休みしてまで出て来てくださるところは皆無。頭を抱えていた時に紹介されたのが熊倉でした。

実際にそのケータリングをしてみて、もしかしたら他の場所でも、こんなふうに料理を提供できるのかもしれないと。熊倉と、当時熊倉のサポートパティシエをしていた佐藤千裕と、3人の料理人で話し合って、新潟の食空間を自分たちでつくっていくような取り組みをスタートできないかということになったんです。

「食べたい料理は何ですか?」とか、「誰と、どこで、どんなふうに食べたいですか?」と、食をめぐる状況ごと提案していきました。春先まだ誰もいないキャンプ場や葡萄棚の下、港の周辺など、今までとは違った食の時間、空間を体験してもらえるように、もっと自由にもっと楽しくより面白くなる方法を考えて。広報や営業のしかたも含めて、商品としてのフードプロダクト、食体験を提供する、それ自体を自分たちの仕事にして生きていけるようにと。東京でいろいろな経験をさせていただいたのがここですごく生きましたね。

個人宅へ伺って食べたいものを一緒に考えたり、イベントを一つ一つ一緒に企画したことも勉強になりました。人が一人いれば、その人なりの食の記憶があって、それを実現させることも、料理人にできることであると実感する日々でした。家族の記憶から出てくる家族の味や郷土の味をそのまま再現したりもしました。そのうち、食材や地域の食文化にも詳しくなって、子どもたちに食育を教えたり、レシピ考案とか食材スタイリングをしたりもするようになりました。

池田: こういう食の文化って、当時、新潟にまだなかったですよね。

山倉: そうなんです。私は2000年代初め頃から東京に行っていたんですが、既にフードシーンが成熟していました。食文化をデザインの一環としてきれいに可視化するという専門職も成立していたし、それが当然だと思っていたんです。東京では普通に存在し、憧れていた、「食」を文化として捉えて表現するという価値観が、地方にはまだなかった。だったら自分たちで仕事として一からつくっていこうと。

そうした中で大きな疑問というか問題に気づいたんです。目立った大きなイベントや企画などは、「行政が考えたもの、実行しているもの」がほとんどだということ。とはいえ、この時にはまだ自分の中で「官」「民」という捉え方すらありませんでしたけど。

それで、2011年~2013年頃、その疑問の真っただ中に飛び込んでいった訳です。新潟市の任期付職員として公務員になってみたんです。自分のまちの取り組みがどんなふうにできているのか、どんな企画の進め方でどんな運営をされているのかを知りたくて。新潟市では、2009年から3年ごとに「水と土の芸術祭（以下「みずつち」）」が開催されていたんですが、この芸術祭のための任期付職員として入りました。任期付というと臨時職員のように思われるかもしれませんが、専門職だったので権限としては他の公務員の方々と変わらない動き方ができました。

この芸術祭に関わったのは2012年の一回だけでしたが、考えてみるとものすごい回でした。開催が決まったすぐ後、2011年3月の大震災が起きたこともあって、課題意識を持って社会的な取り組みを表現している、国内外の現代美術の若手の作家さんたちがたくさん参加していました。水戸芸術館のキュレーターの方がディレクターとして入ってくださっていたりして、大友良英さんや飴屋法水さん、wah document（ワウドキュメント、現在の「目」）さん、タノタイガさんや藤井光さん、下道基行さんなどが参加されていて。

池田：水戸芸のネットワーク、いいですよね。

山倉：ああ、私も地域でこういう意味ある素敵なことをつくりたいし、関わっていきたいと強く思いました。でも、地方の行政に入ってみて、民間との違いにはかなり戸惑いましたね。それまで当たり前に行われてきた発注のしかたや、決定までのプロセスにも疑問を感じました。自分が担当できる小さな部分から変えてみようと、制作物の発注先を名のある県外や東京のクリエイターに丸投げせず、地域のクリエイターのみなさんたちとのWebやデザインワークを通した協働の機会とすることにも積極的に動いてみました。

この頃、地方のデザイナーやWebディレクターさんたちは、地元の印刷会社や制作会社の下請けの立ち位置で、アートディレクターとしてご本人の名前が表に出てくることがほとんどなかったんです。地元の若手のユニークなクリエイターたちと一緒に仕事をしてみたいと思った時に、彼らの作品を知る機会の少なさにもびっくりしました。彼らの、自分たちのまちを想ってつくり上げるデザインが、もっとまちなかに増えて行ってほしいと思いました。そのためのステージや機会があまりにも少ない。これも当時新潟に帰って驚いたことの一つです。

「みずつち」水揚場のテーブル

池田：県庁所在地である新潟市内ではもうそんなことはないでしょうけれど、それ以外の地域では、現在でもまだまだですよね。

山倉：まだですよね。それがすごく地方っぽいなと思って。でもせっかく公務員になったので、いろいろな方にどうしてまだそういう状況なのかを各方面にヒアリングしたり、過去の規約やコンペのやり方などを全部引っぱって来て、それをリミックスして、一からつくり直してみたり。もちろんルールに沿ったかたちですけれど、基本的にことなかれ主義の行政の中で、正直、迷惑がられたと思います。でも、前例があればOKという風潮は感じました。ならばとにかくまずは立派な「前例」を自分でつくってしまおうと。

それで、たくさんの起案を出すんですけど、なかなか起案が通らなくて。その頃、髪を一つ結びにぎゅっと結っていたのが悪かったのか、陰で「侍」というあだ名をつけられてしまっていて（笑）。後ろから斬られそうだと。それはどうなんだと昼休みに美容室に駆け込んでおかっぱにして戻ったら、こんな子どもっぽい子がそんな攻めた起案を出すはずがないと思ったのか結構あっさりハンコを押してくれたりして、いろいろ試していく中で方法というかある種の地域や行政での立ち回り方を経験させて頂いていたのかもしれないです。

ロゴマークやチラシ、Web、ティザー動画、会場づくりやオフィシャルグッズまで、なんでも疑問に思ったことに手を挙げてその企画に関わってみました。当時まだ運用がここまで一般化されていなかったSNSの広報を実施するために「アカウントとは何か」みたいな基本の部分から分厚い説明資料をつくって、部長クラスの方に一から説明したりして。今考えたら、民間では考えられないほど遠回りな作業も多かったですね。

ここまで制作の領域に首を突っ込んでいながらも、採用枠としては、じつは、「食などの取り組みに精通した専門職員」でしたから、本業としてのプロジェクトもたくさんやりました。

中でも印象的だったのが「DAIDOCO青果氷」という旬菜・旬果の自家製シロップのかき氷です。現在も「DAIDOCO」の取り組みとして、毎夏、キッチンカーで販売しているんですが、「みずつち」の会場で食べられる、新潟産の農産物を使ったフードとして発表したのが始まりなんです。シロップは新潟の農産物、だいたい20種類くらいからつくられています。地元の食物の旬を再認識してもらうツールとして。枝豆、とうもろこし、梅、桃、無花果、スイカなど、生産者の方に一番美味しい時期をお聞きしながら、佐藤千裕率いる製菓担当のチームが取り組みを続けています。

池田：3年前（2015年）の奴奈川キャンパスのトークイベントでこの製菓氷のデモンストレーションをしていただきましたね。

後藤：ちなみにその「みずつち」が開催された2012年は、「山ノ家」がオープンした年でもあります。

山倉：そうそう、その年でしたよね。2012年の「みずつち」は夏から冬まで通してやった長期の芸術祭で、課題も多々ありましたけど、まちづくりの背景に触れることができましたし、イベントの運営側や、クリエイティブの現場に関われたという意味でも、すごくいい経験ができました。なかなかこれらすべてを短期に一人で経験することはできませんよね。これは地方だったからなのかなと。そういう意味でも地域にはまだまだ学びの機会が多いと思います。

食邸「KOKAJIYA」、そして「地域通訳」としての活動

山倉：そして、芸術祭終了とともに公務員を卒業して民間に戻ります。しばらく手がつけられていなかったケータリングチームのブランディングの立て直しをしながら、岩室温泉（新潟市内）の温泉街に、古民家レストラン「灯りの食邸 KOKAJIYA」をオープンしました。

後藤：あの「KOKAJIYA」？

山倉：そうです、そうです。

※1「工場の祭典」：金属加工をはじめ、鍛冶や木工などの技術が集まる新潟県中央の燕三条地区とその周辺地域で開催されるイベント。普段は一般公開されていない数多くの工場の扉が開かれ、見学や体験をすることができる。

「KOKAJIYA」の掲載記事のイラスト

池田：ちょうどその頃、「DAIDOCO」が燕三条で始まった初回の「工場の祭典」（※1）のオープニングレセプションのケータリングをやっていて、そこで久しぶりに再会したんですよね。

山倉：そうでしたね。立ち上げの最中でした。「KOKAJIYA」は、岩室温泉（新潟市西蒲区）にある築120年の古民家で、自分自身は飲食店を持つというビジョンを持っていなかったんですが、シェフの熊倉からここでやってみたいと相談を受けて。古民家の大掃除、地域調査や周辺の聞き取りなどから見えないストーリーを組み立てる等々、総合的なプロデュースをしました。ただの地域レストランではなくて、この場所を通して「食」という手法で、誰にどんなことを伝えていくべきかが大切だと考えながら。

常設の食空間をつくる作業は、それまで「DAIDOCO」のケータリングでやってきた仮設の食空間づくりの集大成。芸術祭で、アーティストのみなさんや地域クリエイターのみなさんが、丁寧に地域を見つめ、掘り起こしをしていく姿を見ていたことにも、確実に影響を受けていたと思います。提供するお料理そのものだけでなく、お店で使用している道具などをも通して、どう地域のことを表現し、発信できるかということにも丁寧に取り組んだんです。

一見すると、ただのレストランかもしれない。だけど、自分たちが何を考え、何を目的にやっているのかという根本の思いのアウトプットを、飲食店という固定概念にとらわれずさまざまなかたちで表現できるはずだと、広報物とか掲載していただく記事なども対話を重ねてつくっていきました。この「KOKAJIYA」の掲載記事のイラストは、実際にこの地域の生産者さんがつくった農産物なんです。取材の際に、レストランで使っている農産物についても丁寧にお話ししたので、自然とそれらをイラストに起こしたいと思ったと聞きました。

自分たちのことだけでなく、地域の素晴らしいものや人、残していきたい文化のことを知ってほしい、気づいてほしい。その思いはずっとあります。例えば、雑誌『料理通信』で「日本の道具が愛おしいと」いう特集で、東京、京都、そしてなぜか唐突に新潟がピックアップされて、そこに「DAIDOCO」で使っている道具と器、それらを通して感じる故郷という視点で掲載していただいたことがあります。最近よく耳にするようになった「ローカルインタープリター」という言葉、つまり「地域通訳」のようなかたちで、地域のいろいろな取り組みを伝えていけるようになれるといいなと感じていたんです。

そして、この「KOKAJIYA」を起点に、地域というものとの、仕事としての関わり方が急速に変化していきます。翌2014年には、新潟三越伊勢丹で「灯りの食邸 KOKAJIYA 展」が開催されました。「KOKAJIYA」は当時オープンしてまだ1年余でしたが、以前から「DAIDOCO」の活動に注目してくださっていたようです。百貨店さんの方でもこれからは地域の取り組みに積極的に関わりたいというタイミングだったんですね。「DAIDOCO」さんは食を通して地域に関わっているけれど、どんなふうにやっているのかと担当者の方に聞かれたのがきっかけで、じゃあちょうど1周年でもあるし、「KOKAJIYA」のプロジェクトを立ち上げた経緯などの展示を一緒に企画しましょうということに。その時の展示のキャッチコピーが『わすれられるとなくなってしまうもの』というのですが、今までの私たちの取り組みを総括していただいたような、心に響くものでした。その翌年から、新潟三越伊勢丹さんは「越品（エッピン）」という地域ブランドのディレクションをスタートされたんです。

池田：越後の「越」と、品物の「品」で「越品」？

山倉：そうです。「KOKAJIYA」のロゴのデザイナーと店名を考えたコピーライターがそのまま「越品」のグラフィックとネーミングやコピーライターにも起用されていてびっくりしました。こうしてやってきたことを通じて、地域の良質なクリエイターがどんどん起用されて、まちで目に触れるものがきれいになっていくということが、徐々にですが進んでいるのだとしたら嬉しいなと思いましたね。

「KOKAJIYA」のオープン以降、地域もどんどん変化をしていきました。オープンから2年後には、岩室温泉に、なんと高速バスの停留所ができたんです。

後藤：それはすごい。

山倉：東京から3，000円で岩室温泉に来れるようになりました。

池田：知らなかったです。

山倉：温泉旅館さんと、地域内連携・泊食分離のプラン一緒につくったのですが、それがきっかけの一つになったようです。地域の事業者さんたちが私たちとの取り組みを自らの武器にしてくれるなんて、すごく嬉しかったですね。その頃、昭和の大型観光の名残で、大きな旅館の内部だけで自己完結するような旅の仕組みになってしまったせいで、まちから歩いている人が消えたんです。温泉街なのにまったく人が歩いていないという状況が起きてしまっていた。

後藤：チェックイン後は、中にこもってしまうということですね？

山倉：そうです。「KOKAJIYA」でお料理をお出しして、宿泊は温泉旅館でという泊食分離のツアーをつくることで、旅館からレストランへの距離を人が歩くことになって、温泉街の通りを浴衣を着てそぞろ歩くお客様の姿が、窓ごしに「見える」という状況が戻って来たんです。一旦自分たちで囲ってしまったお客様を旅館の外に放つということは、小さく見れば自分たちの旅館の売り上げを一時的に下げることにはなるけれども、大きく見れば地域全体の未来のかたちを再構築することになる。そのチャレンジを受けてくださったんです。

地域の事業者さんと一緒にこうした仕掛けづくりにどんどんチャレンジして、地域に光の当たる話題をつくり続けると、次第に新しくこの地域に関わる人が増えてきて、旅行者だけではなく、Uターンや移住希望者、新規出店などが増加したんです。「DAIDOCO」結成のきっかけにもなった妹の住む集落などは、小学校の新一年生が1～2人だったところから10人を超える人数に増えています。その大半が移住者の子どもたち。

それを受けて新潟市の移住促進モデル地区にも指定されて、さらに新しい人が増えていくという好循環が生まれています。

地域に関わるようになって、郷土料理にも注力しました。２０１４年には子ども向け新聞で「郷土料理ワンダーランド」というのを企画したんです「郷土料理がやばい」というタイトルで、廃れてしまった郷土料理を、さも今も日常的に食べられているものかのように掲載したんですが、実際には半分以上がもう伝説料理になっていて、日常では食べられていないんです。例えば「戦国刺身」は、まだお醤油がない頃に、ずんだ（枝豆をつぶしたもの）と塩で食べていた郷土料理。

池田：今でも全然いけそうですけどね。

山倉：そうなんですよ。子どもたちに、こんなに美味しそうなのに、どうしてなくなってしまったんだと思う？という疑問を持ってもらえたらと。

池田：どうしてなくったのか、確かに知りたいですね。

山倉：例えば「あくまき」。これは、家から囲炉裏がなくなったので、灰汁（あく）を使えなくなったからつくれなくなってしまった。

池田：ちまきを燻製にしたようなもの？

山倉：もち米を灰汁（あく）に浸してから炊いてつくるちまきなんです。灰汁には殺菌効果があって保存がききます。いわゆる猟師飯ですよね。狩りにいく人たちが持っていくパワーフードだったんです。今は狩りに行く人もいないので廃れてしまった。

後藤：生活環境が変わることでなくなってしまう文化があるんですね。

山倉：そうですね。郷土料理はまさにそう。絶滅危惧種ばかり。その状況を子どもたちに伝えるために、おばあちゃんの冷蔵庫を開けることがワンダーランドへの入り口かもしれない、という発想でこの企画をつくった訳です。おばあちゃんの冷蔵庫って現代っ子にはよくわからない謎のものが入っていたりするじゃないですか。でもそこには自分が育ってきたアイデンティティの軸があって、おばあちゃんがこうして元気に共に生活しているからこそ触れることができるんだよということに、気づいてほしいなと。

池田：文化人類学的アプローチ。

山倉：そうかもしれないですね。その後、2017年のお正月には、朝日新聞の「わたしの料理」というコラムに「新潟郷土料理ワンダーランド」のメニューを掲載したいとお声掛けをいただいたり。このコラムにはいろいろな方が登場していますが、郷土料理は意外と事例が少なくて、沖縄に続いて2回目だったそうです。朝日新聞のWebメディアでも紹介されたので、フランスからもお手紙をいただきました。新潟出身で現在はフランスに住んでいるけれど、郷土料理の記事を目にしてすごく感動しました、と。海の向こうからの反響は、地方で地味に見える活動を続けるための心の支えになるものでした。

農業男子から広がる、地域でのクリエイティブの探求

山倉：こうした郷土料理の取り組みと並行して、農家さんのブランディングもさせてもらっています。この「FARM FLAG（ファームフラッグ）（※2）」というレストラン周辺の西蒲地区の農家さんのチームを中心に、今も協働が続いています。

2014年に彼らの食材をコーディネートして、ファーマー自体もお弁当のテーマに合わせてモデルになってもらい、共に企画した「ラ・フォル・ジュルネにいがた（※3）」の公式弁当のプロモーションが大好評で、

※2 FARM FLAG（ファームフラッグ）：新潟の若手農業者たちと、その魅力に心惹かれたクリエイターたちによるプロジェクト。「地域に、旗をかかげる。」をコンセプトに、農業者の生き方、暮らし、思いを知り、考えを聞き、共に歩むことを通じて、農業に関わる楽しさや背景を伝えている。

※3 ラ・フォル・ジュルネ（熱狂の日音楽祭）：フランス発祥のクラシック音楽の祭典。日本でもいくつかの都市で開催されている。

ファーマーズたちとの撮影会

1日100個限定分が10分で完売。それだけに留まらず、彼ら自体がイケメンファーマーズとして大人気になりました。

後藤：お弁当を通して、ファーマーや農産物そのものに、ちゃんとスポットライトが当たった。

山倉：そうそう。実際彼らは、イケメンというか、お仕事に対して真面目で真剣なんです。そんな人柄がよく出ている素敵な方々ばかりでした。その後もイケメンファーマーズとは？とテレビで紹介されたり、しまいには農業男子に会いに行こう！という企画が生まれたりとか。

後藤：完全に一人歩きしていますね（笑）。

山倉：地域の農家さんがかっこいい、頑張っているということは、大きな希望なんです。この人たち、みんな元からの仲良しに見えるじゃないですか。同じ地域にいて、同世代で、みんな農業をやっていて。じつは、「FARM FLAG」を立ち上げるまで、お互いを知らなかった人ばかりだったんです。山を越えてこっちの人とあっちの人で交流がない。年齢が5歳違うと、所属している農業団体が違う。先輩・後輩の関係の中で、恐れ多くて相談もできないという現象が起きていて、この取り組みが組まれた時に、初めて年齢に関係なく対話をする機会ができて、自分たちが直面しているのがどんな環境なのかを考える同志になっていったそうなんです。

活動を共にしていくと、ファーマーズの一人一人に、今までやってみたかった、密かに考えていた夢を地域で現実させたいという意識が高まって、実際に行動に移していく人も増えました。

ファーマーズのメンバーである藤田さんが始めた「そら野テラス」というマルシェ＆カフェなどは特に印象的な動きでした。彼の所属する農業法人で5年くらい前から大事に温めていたプロジェクトだったんですが、若手の農家さん同士でやりとりしていく中で、急速に彼の意識が実現の方向に進んでいくのがわかりました。

「そら野テラス」オープン前のオーナー夫妻と一緒に。カフェの大きなからは、電線が一本もない田んぼだけが見えた

域内の農地がどんどん手放されていく。耕作放棄地が増えていく。そうした田んぼを新たに担う人が必要になってくるがどうしたらいいのか。その人たちを養うための新たな収入源や取り組みが必要だ。

この「そら野テラス」のあるあたりは、5分ほど行くと大学があるような、市街地にすごく近い場所なんですが、電線が一本もないような風景が広がっています。「農業景観」と言うそうです。電線がない理由は、彼らがこの土地でずっと農業を続けていたから。農業をやめた土地には、家が建ち、電線が架かるんですね。

「そら野テラス」の「この風景をゆっくり見て、一緒に農業の未来を考えませんか?」という彼ら自身が考えたメッセージ、そのとても大事な思いを外に伝えていくのはなかなか難しいということで依頼を受けて、広報活動のサポートや飲食店のしつらえ等、スタートアップのアドバイスをさせていただきました。

他には、「はちみつ草野」。養蜂家のブランディングもしました。「いのち しぜん めぐる」というキャッチコピーをつけてリ・ブランディングをサポートしたんです。「ミツバチには使命があます」という彼のメッセージを明確に発信するお手伝い。インスパイアされたのは「ミツバチがいなくなったら人類は4年しか生きられない」というアインシュタインの言葉。ミツバチがいなくなった世界=世界の終わりをつくらないためには、蜂蜜を食べなきゃいけない。蜂蜜を採るには養蜂家がいないといけない。ということは、若き養蜂家の草野くんがこれからもしっかり生きていかなければ世界は終わるというコンセプト。

後藤：そこにつなげたわけですか。

山倉：そういうちょっと恐い未来を考えること、ある種の危機感を軸にブランディングをさせてもらいました。こういうメッセージは、意識の高い方からの反応が早いですね。東京・代々木上原のフレンチの有名シェフがいち早く使ってくださって、それからいろいろなシェフが次々に採用してくださいました。

東京や地域外で評価されると、その評判がまた地域にリターンして反響が出る。単に彼が先代から引き継いで養蜂家をやっているということだけでは、外に向かって重要なメッセージが伝えられない。養蜂家の草野くんはどういう状況でどんな蜂蜜をつくっているのか、どんなことを考えているのかを具体的に発信できたらなと思ったんです。

そうした情報発信を見て、北海道から14歳の男の子が、夏休みにひとりでフェリーに乗ってやってきたんですよ。養蜂家になりたいと言って。他の生産者同様、養蜂家も従事する方々の年齢は上がっていて、県内でも20代の養蜂家は、草野くんを含めてふたりしかいません。こんなに若い世代が、世の中には養蜂家という仕事があるんだと気づくきっかけをつくれたことは、嬉しかったですね。

後藤：最初のイケメンお弁当のプロジェクトがきっかけで、ここまで広がったということですよね？

山倉：そうなんです。他にも、ブレンド米やしいたけ、パクチー、小麦などさまざまな農産物のブランディングに関わらせていただきました。さっき話した「KOKAJIYA」の取材記事に添えられたイラストの農産物もじつは彼らがつくったもの。「FARM FLAG」のサポートをきっかけに、これからの若手の農家さんたちのために自分の果たすべき役割は、地方ではないがしろにされがちな現状分析と課題抽出のお手伝いなんじゃないかと思いました。彼らと共に、事業を通して未来を想いめぐらせて、取り組みの目的を明確にしていくというのは、私にとっても大きな経験になりました。

「三条スパイス研究所」と「ウコンづくり」

後藤：奴奈川キャンパスのトークイベントに参加してもらったのは、2015年でしたよね。

山倉：そうです。お声掛けいただいた2015年の夏は、三条市の公共施設の中にスパイス料理店をつくるプロジェクト「三条スパイス研究所」の立ち上げの準備とリサーチで一番悩んでいた時期で、納得のいくテーマがなかなか見つからずに悶々としていました。

高齢者の外出機会創造という、難しい課題から発足したプロジェクトなので、その軸を探すために毎日調査に出ていた頃です。先ほどの「そら野テラス」も、「はちみつ草野」も、2016年始動のプロジェクト。2015年から今までの3年間はほとんど記憶がないくらい、いろいろ携わらせてもらいましたね。

池田：いわば地域の一人広告代理店ですよね。大手の代理店が手がけているようなコンテンツを「地域」を顧客としてやっているようなイメージ。

山倉：今は、地元周辺だけでなく北部の下越や南部の上越、佐渡などのプロジェクトもやらせていただいています。

池田：新潟県全域をカバーしていますね。

山倉：地域にどんな人がいて、どんな取り組みをしていくべきかと詰めていく。徐々にですがこうした地域の取り組みを紹介する記事を書いたり、コーディネートをする仕事などもいただくようになって、新潟だけではなく全国的なローカルプロジェクトに関しても意識を向けるようになりました。

後藤：もはや新潟県を超えて、ということですね。

池田：山倉さんのお仕事は、基本的にビジュアル＝目に見えるものをすごくきっちりつくり込んでいるイメージがあって、その辺のビジュアルデザインとか言葉のクリエイションなどは、地元のプロに依頼されているのでしょうか？

山倉：そうですね……。この三条のプロジェクトも、私自身が当初は「みずつち」と同じイメージで、「どうせ外の人につくらせるんでしょ？」という印象がすごく強かったんです。でも、関わっている県外のクリエイターや建築家の方々と、臆せずに対等な対話の時間を積極的に取っていく中で、徐々に、地域の私たちに任せてくれるという関係性を築くことができて。「三条スパイス研究所」は、建築以外のクリエイティブの大部分を地域クリエイターと一緒につくり上げることができたんです。

でも、大変でした。「すべての人に開かれた新しい施設、健康長寿社会を創造するスマートウェルネスな取り組み」と行政の資料に書いてあるんですけど、このテーマって全然一般的な感覚じゃないですよね。誰もが健康で幸せに暮らせる社会を目指すって具体的にはどういうこと？この公共の広場でそれをどう表現すればいいの？と。

池田：短絡的にやろうとすると、薬膳とかになっちゃいますもんね。

山倉：しかもこのプロジェクトへの私の参加、東京のディレクターさんからお声掛けいただいたんです。市から直接依頼を受けたわけじゃなかったんです。

池田：それもまた意外です。

山倉：結局のところ、地域の行政は地域のディレクターやクリエーターを信用していないし、育てようとはしていない。だから直接依頼は来ないんです。プロジェクトの発端では、高齢者のための場所をつくるなら和食屋さんがあったほうがいいんじゃないかということになった。でも和食ならいつでも家で食べることができるから、いっそカレーがいいんじゃないかと。そこまでは行政側で決まっていたそうです。じゃ、どんなカレー屋さんがいいかなと、「工場の祭典」の総合プロデューサーである山田遊さんに相談が行って、遊さんが注目していた「スパイスカフェ」の伊藤シェフに声が掛かって、

池田：「スパイスカフェ」って東京のこのあたり、東エリア発ですよね。

山倉：そうですね。東京・押上でお店をやっていらっしゃる方です。そこにやはり遊さんの紹介で東京のディ

レクターが地域再生マネージャーとしてこの取り組みに関わることになりました。そのディレクターさんが共通の知人の紹介で私のことを知っていて、もともと料理人だし、新潟での地域プロジェクトの取り組みもやって来ているしということで、このプロジェクトの地域コーディネーターに私を指名しました。でもそのオファーの流れも直接ではなくて。三条市が地域再生マネージャーとして起用した東京のディレクターさんが、監修の伊藤シェフと相談して私が雇われたというかたちで入って。

池田：地元圏にいるんだから、市から直接地域のクリエイターに発注してくれればいいのにって思ってしまいますよね。

山倉：地元の行政ではなく、東京のディレクターさんが、私たち地域コーディネーターを一番信頼してすべて任せてくれたからこそ実現したというところが大きかったですね。

立ち位置として、彼らは地域再生のためにさまざまな調査を行なっていたんですが、その中に高齢者が死ぬまでなくさない欲求とはどんなものかというアンケートがあって興味を持ちました。

三条市はものづくりのまちなので小さな町工場が多くて、社長が日本一多いまちなんですね。社長も技術者も開発者も当たり前に高齢者になる。彼らが高齢者になった時に残っている、この地域に一番特徴的な欲が、「誰かに何かを教えたい、自分の思いついたアイデアを大事にしたい」という欲、ということだったんです。それを知って、固定概念で高齢者に感じていた守るべき存在というイメージとは全く違う、すごく力強くてアクティブな印象をこの地の高齢者の方たちに持ったんです。

そんな時、進めていたリサーチの途上で三条市内の山間部にあった直売所に着目しました。そこではウコンがすごく売れている。そのウコンをつくっているのは、今年90歳になる山崎さんというおじいちゃん。ピンと来て、すぐに会いに行きました。この方、60歳まで道路づくりをしていて、引退をしてから沖縄で初めてウコンに出会い、苗を持って帰ってきて、60歳から栽培を始めて25年で、オリジナルの栽培方法で越冬する新潟産のウコンを開発してしまっていたんです。半年間、その畑に通ってウコンづくりの一連を見せてもらいました。

池田：すごいですね。これが「三条スパイス研究所」の脇にあるウコン畑の由来？

山倉：そうなんです。彼としては興味本意でウコンの栽培を始めただけですが、結果的に、地域の人たちがウコンを摂取して健康になるという新たな食文化をつくり上げてしまっていた訳です。ウコンはそもそも南国の農産物だから、雪国である新潟では発芽もしないし冬も越せないはずなのに、こつこつと研究を重ねて改良していったんです。いつしかこの地域での売り上げナンバーワンになっていた。からだにいいと、近年ウコンブームになりましたよね。それで、ウコンは売れるらしいと、山崎さんに苗をもらって地域の人たちもつくり出したんですよ。

ウコン畑を訪ねる

ひとりのおじいちゃんのふとした興味で始まったこの地の越冬ウコンに、スパイスシェフの伊藤さんが出会った。おじいちゃんが誰かの健康のためにこつこつ研究してつくってきたウコンは、伊藤シェフの技術で最新のフードプロダクトとして生まれ変わって、それと気づかせずに、若い人たちにカレーというかたちで食べてもらう。自由でかっこいい高齢者の思いつきが、これからの若者の健康を密かに支えるというストーリーのプロジェクトにしようということになったんです。

池田：初めて「三条スパイス研究所」という施設名を聞いた時、どうして研究所なんだろう？と思ったんですが、この話を聞いて合点がいきました。

山倉：最初は福祉課と一緒にやっていたんですが、「福祉」という言葉から感じる、若者は高齢者を守ってあげる、高齢者は若者に守ってもらう。この関係性にすごく違和感があって。ウコンづくりの山崎さんは、私にとって眩しい存在なんですよ、真似しようとしてもなかなかできないです。ところが、私が眩しいと慕うおじいちゃんは、そんなことに興味のある私のことを眩しいと思ってくれている。この眩しいと思い合える関係性、高齢者のみなさんへの尊敬の気持ちをプロジェクトに落とし込んでいけたらいいなと。ここでやっとプロジェクトの軸を見つけたんです。建物の横には山崎さんのウコンを種芋にしてつくりつなげたウコンの畑をつくりました。

池田：なるほど、なぜ「三条スパイス研究所」なのかって、ここまで聞かないとわからないですね。

地域における、資金繰りと広報の壁

山倉：このテーマ自体がとても難しいので。それで、かなり早い段階から妄想プレスリリースをつくりました。どういうことをやります、どんなことを軸にしています、監修は誰がやります、メンバーはこんな感じです、どういう建物です、朝ごはんプロジェクトも始まります、カトラリーはこんな感じ、暮らしの調合スパイスを出します、とか。すごく具体的なプレスリリースをなるべく早めにつくってみたんですね。

池田：この場合、どこの誰に対して、どういうターゲットのプレスリリースになるんでしょうか。

山倉：地域プロジェクトにおいては、そもそもプレスリリースというもの自体がほとんどないですよね。

池田：そうなんですよね。ここまで山倉さんのお話を聞いていて、特にすごいなと思うのが、広報をどこに対して打って、どう広げていくのかということがまず一点。あと、ビジュアルの整えもスタイリングもきちんとされていて、まったく安っぽくなく仕上がっている。どう資金繰りをしてそれが達成されるのかという点。

自分たちもリノベーションやスタイリングが本業なので、正直、デザインはなんとでもなるんですが、常につまずくのが資金繰りと広報。広報については、こうした言語をある程度理解してくれる地域内の人もいる。都市部の人も理解してくれて、その人たちが余裕とか熱量に応じて発信してくださると思うんです。でも、今までご紹介いただいたプロジェクト、すべて非常にしっかりとしていて資金も掛けているように見えるんです。施設とか設備、グラフィックにしてもまともにカメラマンとかコピーライターとかデザイナーに依頼するとゼロベースではないはずで、いくら地域でもボランティアでやってもらえるクオリティを超えているので、広報戦略と資金繰りが非常に謎で。

十日町市にまったく地縁もなく飛び込んだよそ者だった自分たちと大きく違うのは、山倉さんが元々この土地の人だったという背景があることなのかなと。いい意味での地縁をお持ちで、リサーチも確かな裏付けがあって、クライアントであるディレクターさんたちが東京からすべてを任せることができる地元との「通訳」であり得たのかなと。東京言語とかクリエイター言語も理解できて、だけどそこで生まれ育ってきたからこそ、こんなふうにおじいちゃん、おばあちゃんのところにも孫のように話を聞きに行けちゃうという通訳、トランスレーターなんだろうなという、そこはすごく大きいと思うんです。

とはいえ、それだけでは成し遂げられないですよね。広報戦略と、先ほど地域の自治体といかに上手に付き合って、いろいろなことを引き出すことを学んでいった、といった発言もありましたが、いわゆる「かっこいいこと」を地域で始めたい人はすごく多いはずなんです。でもある程度アイデアがあっても、それを地域で始めていくにあたっての資金と広報戦略は、ものすごく大きなハードルになる。それで苦しんでいる人たちって多いと思うんですよ。

山倉：その資金の話って、本当に重要で。新潟に帰って一番思ったことなんですが、予算、お金の使い方が下手だなって。

池田：それは自治体が？

山倉：参加している市民もなのかもしれない。大きなイベントをやって、巨大なお金が消えていく。売り上げも少ない。でもそれらのお金がどう動いているか、何になっているかは多分分かっていなくて。

池田：しかも3月まで、年度末までに使わなくてはいけない。

山倉：じつはそれもあって、公務員を体験してみたんです。自治体予算がどういうふうに成り立っているのか、どんなことに誰が動いているのか。国のレベルで考えている未来のかたちが自治体に降りて来ると、現場で十全に理解されずに少し変形してしまうということにも気づいたんですよね。そしてそれを自治体から地域の市民にあてがっていくというのが今の現状をつくってしまっている気もする。

でも、例えば江戸時代には、民衆が自分たちの生活がどうあるべきかを日々見い出してお上の方に提案をしていたと聞いたことがあります。まず市民自体がどういう生活があるべきかからスタートして、最後にだから国がこうあるべきという意識。どんな生活がよくて、どんな国であるべきで、それには市民がどれだけの学びを自分で得ながら、どういう生活を送るのが大事なのか。自分たちが気づいて言葉を発しなきゃいけないんだと意識的になったのは、この「三条スパイス研究所」の取り組みが大きなきっかけでした。

新潟から再び東京へ、そして地域との関係性をつくる

池田：話は少し戻りますが、こうした地域クリエイティブプロジェクトでの資金繰りと広報戦略について、地方新聞などの地域メディアでも、出し方を誤ると全く伝わらないですよね。

「山ノ家」でも、「カフェと宿屋をオープンさせた人がいます、以上。」みたいな感じで、どんな背景があったのか、どんな思いを持っているのかにはなかなか踏み込んでもらえない。山倉さんの手掛けたプロジェクトは、どうしてしっかりと伝えることができたんだろうと思っていて。コンセプトをそのまま伝えても、おそらく地域の人には伝わらないですよね。どういう言語で伝えているのか、伝えていくパワーと、成したいことを成すための原動力である資金をどうやって確保したのか、その大きな二つのクエスチョンを抱えながら聞いていました。

山倉：地域には無駄になってしまう取り組みと、それに使われる無駄になってしまうお金が本当にたくさんあると知った上で、どういうふうにお金を使っていくべきかを一緒に考える伴走者として、お金の流れをで

きるだけ理解するようにしています。あとはプロジェクトを、自分ごととして置き換える。自己資金を掛けるのって大ごとですよね。例えばWebサイトをつくるとして、その制作費の3倍は儲けなくてはいけないよね、といった具体的な意気込みや目標を必ず話し合います。要はただの「活動」ではなくて「商売」なんです。生きていくために確実に儲けを出すことは必要だと思っていて、そうじゃなかったらやりませんと決めているんです。そうしないと地域は衰退してしまうと思っているし、共に生きていく地域を守ることはできない。

池田：なるほど、その稼ぐことへの覚悟が、本気の言葉として届く、ということなのでしょうか。ちなみに、新潟市や新潟市近郊の里山エリアには、山倉さんたちのような世代ってなかなか存在しないですよね。

山倉：全然いなかったですね。問いに対しての向き合い方なんか、特にマイノリティ感を感じて寂しい時も多いです。

2017年から東京・渋谷に暮らすというかたちで「Cift」という取り組みに参加して、拡張家族というテーマで共に暮らし共に働くという新たな生き方にも実験的に関わることにしました。東京に10年ぶりに拠点を持って、自分の地域だけでは錆びてしまいがちな問いへの向き合い方の修行を続けています。今ではそのメンバーたちと淡路や京都など全国のさまざまな取り組みに関わっています。この環境、自分で思った以上にすごく大事でした。

池田：そうですよね。

山倉：いろいろ通訳しなくても、説明しなくても、お互いの違いを認め、理解しようとしてもらえた。また、共に生活するほとんどの人が多拠点生活者だったこともあって、自分のところだとこういうことがあったという体験談も聞くことができた。嬉しかったです。地方という壁、マイノリティー感、難しいことを勝手に一人で抱えているような状況に、その先の生き方を見い出せずにいたタイミングでしたから。

池田：そうした日々の思いのシェアってじつはすごく大事なんだろうなと思います。切磋琢磨というか。

山倉：燕三条の「工場の祭典」のメイン会場で「産地の祭典」というプロジェクトの立ち上げを担当した時に、会場構成、ワークショップ、トークイベントなどの企画をやらせてもらう中で、いろいろな「産地」の方に来ていただいたんです。そこでの自分の中の裏テーマは「脱・井の中の蛙」。「産地の祭典」が終わった時に、はっきりと変化の時だなと感じました。東京>地方という関係性の終了です。自ら外へ動いていくことで地方同士のつながりも増えていきました。北陸エリア、長野、関西、九州、沖縄へ、産地の祭典に参加してくださった人たちに直接会いに行ったんです。それがスタートになって、どんどん世界が広がっていくのを感じました。全国の人たちとやり取りをする関係性ができ上がっていきました。

後藤：ここ半年か、1年の話ですよね。

山倉：そうです。

池田：3年前は、料理人として現場にいらっしゃるイメージだったけど、今はもう完全にプランナーというかプロデューサーという立ち位置に移行していますよね。フィールドもすごい勢いで広がった印象。

山倉：今はいろいろな人の仕事の背景を見せてもらったりする機会も多いです。食や農業という専門分野だけでなく、ものづくり、まちづくり、ことづくりや「人」自体のブランディングまで。職業というはっきりしたものがなくなるかもしれない時代へ向かう中で、パラレルな存在として、仕事は自分のできることすべて、という透明感のある括りを自らつくっていきたいと感じています。

池田：山倉さんのような地域と産業をコーディネートする人たちがこれからどんどん増えて、その人たちが通訳になって地域を変えていくんだろうなという未来が見えました。

後藤：先ほど、「ローカルインタープリター」という言葉も出ていましたね。

山倉：やっぱりまだまだ通訳は必要だと思うんです。インタープリターというのは、地域のことを理解しつつ、コーディネーターという立ち位置で、来た人が何を求めていて、何を掴みたいのかを通訳してあげる人。それがわかっていないと、何も返せないじゃないですか。そこを何も知らない人が担っていても、結局はいい球を投げられないいんですよ。

池田：主体的ですよね。自分はまだまだ観客席で地域を見ているのかもしれないと思いました。

山倉：面倒くさいことが集まってきてしまうのか、見つけてしまうのか。困ったものです。そのくせ自分が主語でやりたいことって、基本的にはあまりない人間で、何もすることがなければ、ずっとソファの上でのんびりしていたい。

池田：とてもそうは見えない。

山倉：そうですよね（笑）。自分のコンプレックスでもあるんですが、ここが理解されづらい。誰かに必要とされないと表には一切出たくない。けれど、ひとたび問いが見つかると人一倍意識的になってしまう。課題を解決するために、いろいろな背景も見渡す必要性が出てくる。何を解決しなければならないのか、自分がどう動けば世の中が変わっていくのか。これからは、ますます自分ができる小さなことを広げていくために、外のことを知ることが必要ですね。目指すかたちは「トランスローカル」だと思っています。もっともっと、若い世代にもそういう自分の足元に転がっている小さな「問い」が、同じように世界につながっているんだということを想像できるような、自分の存在する地域外にも信頼できる関係性を築いていけるような機会や場所をつくってあげたいです。

2015

2015/08/22@GAKUSYOKU ｜ 鈴木善雄（TAKIBI BAKERY／株式会社 CIRCUS 代表／CASICA ディレクター）

地域カフェのつくりかた「場に出会う・場をつくる」

〝買い手〟と〝売り手〟の会話が生まれる仕掛け

後藤：早速ですが、鈴木さんの現在やっていること、その経緯などをお話いただけますか？

鈴木：〝旅するパン屋〟というコンセプトの「TAKIBI BAKERY」をやっているんですが、パンの他に、世界のさまざまな地域のその地域らしさをイメージしたお茶をマッチ箱に入れたシリーズなども展開しています。日本だと三年番茶とか、イギリスだとダージリンとか、世界を見渡すと、お茶がない国って案外ないんですよね。お米は食べない国のほうが多いけど、パンというか小麦もお茶と同じように、食べない国はほぼない。それで、中国やエジプトのパンってどういうものか、世界のさまざまなパンのありようを深く伝えようということで「TAKIBI BAKERY」を立ち上げたんです。

お客さんが売り手に「はい」って商品を渡してただ買ってもらうのではなくて、「それ、何ですか？」って会話になるような、分かりにくい商品もあえてつくっています。

「TAKIBI BAKERY」としての店舗がない状態でスタートしたんですが、むしろ店舗がないことをキーワードにして。北海道から沖縄まで、全国のセレクトショップや雑貨屋さんに卸しています。

それから、もともと僕は内装デザインの仕事をしていて、内装と食の間にあるものって何だろうということに興味があって、さまざまなブランドに対して、そのブランドのイメージと食をつなげるようなケータリングもやっています。

ゲスト：鈴木善雄（TAKIBI BAKERY／株式会社CIRCUS代表／CASICAディレクター）
聞き手：後藤寿和、池田史子（「gift_lab GARAGE」「山ノ家」主宰）

例えば、アウトドアブランドのムービー上映会では流木を使ってみたり、大手携帯会社のケータリングでは、女性ブロガーがたくさん集まるということで、マカロンがなる大きな木を室内につくって、その下に料理を並べたり。おしゃれなインターネットカフェのケータリングでは、パンでシャンデリアをつくって、パンデリアと呼んでいるんですが、予算が少ない代わりに、好きなことをやらせてもらうという条件で。基本的にケータリングはハレの食事なので、食べて美味しいことも大事なんですけど、その前にテンションが上がるような演出を考えました。

パン屋を始めた経緯は、ふらふらして就職もせず、設計をやりたいと思ってた頃に、ちょうど閉店した都心のパン屋さんを引き継ぐことになってしまって。パン屋さんをやりたかった訳でもないですけど、やらざるを得なくて。何もかもリノベーションをしたいけど、予算もないので、その場所を使って、架空のパン屋さんにすればいいんだと考えて。店舗のないパン屋であれば、見えがかり上は、自分の好きなようにできるという安易な発想から始めたんです。

東京にも、「ローカル」がある

鈴木：まあ、本当に自分は設計の仕事ができるのかなと思いながらも10年くらい経つんですけど。東京のよくないところって、家賃とやりたいことのバランスがうまく取れないこととというか、中心部に行けば行くほど家賃は高くて、家賃を払うために仕事をする感じ。スピードも早くて、毎日何のために働いているんだろうという思いがすごく強かったので、中心部から離れようと。清澄白河でも探したんですけど、そのタイミングで「BLUE BOTTLE COFFEE」が来るらしいと聞いて、ひねくれて、じゃあやめようと（笑）。

ちなみに僕の出身は東京都世田谷区、駅でいうと東急田園都市線の駒沢大学なんですが、東京も沿線ごとに、それぞれ結構色があるじゃないですか。

後藤：いわば集落みたいな。

鈴木：そうですね。例えば代官山とか、何もなかったけど、一ついい店舗ができればまた店舗ができて、という連鎖で形成されていくものだと思うんです。だから、初めはできるだけ何もないところにつくる。これから面白い人たちが集まってくる場所。それで「LABO by TAKIBI BAKERY」という店舗を、東急東横線の自由が丘駅から徒歩10分くらいの奥沢に移転したんですが、駅から遠くない立地なのに、他にショップはないし、とにかく人通りがない。じゃあどうやってPRをしていこうかと。その地域でどう広報していくか、試行錯誤したんです。

移転も実験的だし、パンも実験的。それなら内装も実験的にやろうということになって。普段図面を描くのが仕事なんですけど、図面を描かずにやることにして、大工さんふたりと毎日話し合って、ここにシンクあったほうがいいよねとか、カウンターはここでこの長さがいいよねとか、つくりながら考えていきました。

店舗の外に広めのスペースがあるんですが、もともとお米屋さんだった場所なんですね。お米屋さんは近くに移転しただけなので、僕らのパンと一緒に彼らのお米も並べることにしたんですが、パン屋が米を売るっていうおかしさよりも、ここはお米屋さんだったんだよって言えることのほうが大きいというか。お米屋さんって昔はまちの中心で、人が集まる場所だったんですよね。なので、店舗の外で何かしらイベントをやることで地域に入っていけるんじゃないかと。

東京にも、「ローカル」ってあると思うんですよ。店舗がオープンする時に、近所のお寿司屋さんや焼き鳥屋さんにも挨拶に行きましたし。そうすると、あそこのおばちゃんに言うと何でも広まるから言うといいよと教えてくれたりとか。小さなまち社会で、商店街を歩いていても挨拶が交わされる。ちなみに小さなまち社会では、商店街のイベントとか、出ますか出ませんかじゃなくて、早く入ってよ！と言われる（笑）。選択肢なんてもらえない。

池田：そう、選択肢はもらえない（笑）。

鈴木：あとは、自分たちが店舗をオープンしたことで、もともとここで商売をしている方々にご迷惑にならないように、自分たちはこういうことをしようとしていますって説明に行ったり。とにかく僕たちが来たことで、困る人がいたらいけないという意識が芽生えた。そういう部分では、東京だろうが地方だろうが、地域の中でのつながりってすごくあるなと。難しさの種類は多分違う。東京でやる難しさと、地方でやる難しさ。地域との関わり合いも、東京は東京の面倒くさきがあるんですよね。

〝捨てられる情報〟にはしない

鈴木：じつはオープンしてから、雑誌とかメディアの取材をすべてお断りしているんですよ。地域の中でしっかりとつながりができるまでは、やめようって。例えば、その記事によって地域外からたくさんの人が来て、近所の方がここで買いたいのに買えないって状況をつくりたくないので。逆に、若い人はあまり手に取らない新聞の折り込みチラシとかを使って、ご年配の方や、お子さんがいる方たちに届けたいなと。SNSも使ってないし。正直に言うと、インターネットで書かれている情報があんまり好きじゃなくて。口コミが一番正しいと思っているんです。

美味しい店なら、あの店美味しいよって誰かに直接伝えてもらえる。それで十分だと思うんです。SNSはなるべく控えたい。ちなみに、新聞の折込チラシ一回で、2日間で1，000人くらいのお客さんにいらしていただくほど大盛況でした。

池田：地域の中への発信は、新聞の折り込みチラシや回覧板とか、デジタルではないツールがまだまだメインの情報源として機能していますよね。

鈴木：東京って、イベントとかの情報量が多すぎるんです。それを人は取捨選択していくので、捨てられる情報にしたくないなあと。今は雑誌の取材でも「写真はデータを送ってください、テキストはこちらで書きます」とかだしね。単なる情報として載るのはどうなのかと。そういうことを丁寧にやらないといけないと思う訳です。読者というか生活者は、そんなに情報ばかりを求めていないはずなのに、メディア側が情報に飢えている感じで、常に新しいものをどんどん追わなければいけないという風潮は、ちょっと変だなと。それで都心から離れたし、SNSを使わないとか、ひねくれたことをしていて。これも一つの実験なので、ダメだったら変えていけばいいかなと。

後藤：そうですね。そこにまだでき上がっていない価値や考え方自体をつくっていこうと思ったら、必然的にいろいろと実験から始めることになりますよね。

鈴木：そのほうが、地域でやっていく中で、ある意味武器にもなるし、広がると思うんです。話がずれちゃうかもしれませんが、地域を武器にしようと思うから、パッケージングのデザインにこだわるんですよね。まちおこし＝デザインみたいな風潮がすごく嫌なんです。著名デザイナーがデザインをしたからって美味しくなるわけでもないし、地元の人がそれを買うかっていったら買わないし。それって、あまり本質的なことではないなと。それでも売れればいいと思うんですけど、どこもかしこも地域物産展というか、似たものになってしまっている。その背景にあるストーリーが全然伝わらない、そういうものばかりが増えていると感じていて。もっと本質的なやり方ってないのかなと思う訳です。

外の人にパッケージデザインをお願いする時点でもう、表面的だと思うんですよ。ちゃんと足を運んでもらって、つくり手を見てもらって、一緒に構築していかないと。プロセスを大事にしなきゃいけないのに、成果がそれなりになっていればいいというか。アウトプットばかり見ている。地域でカフェを始めるにしても、アウトプットばかりに目を向けて、東京で流行っているものからデザインに落としこんで、例えば山の中にブルックリン風のカフェをつくってもしょうがないじゃないですか。カフェが存在する意味もないし、ストーリーが全くないものができあがってしまう。

今、情報が溢れているじゃないですか。みんな、スキルがあると思うんですよ。なんとなくかっこいいものを誰でもつくれちゃう時代というか。それなりのものを組み合わせて、ある程度のものができちゃうから、本質的じゃなくなってきている。グラフィックにしろ、店舗の内装にしろ、なんか見たことがあるし、なんとなくこういう感じだよねってことが多いなぁと。

後藤：どこかにあるものを表層的に移植するのではなく、そこにしかないものからストーリーをつくればいいと思うのだけど、実際はその地域特有のものがあるのに、それが当たり前になりすぎていて、むしろ都市的なものを求めている気がするんです。逆に、都市部の人からしたら、こういう里山だったら里山らしい風景が広がっているに違いないとか、それぞれ持っているイメージが入れ違っていたりする。

鈴木：僕は、祖父母もみんな東京在住なので、田舎や地方に対して憧れが強いんです。でも、地方の人は東京に対する憧れが強い。もっと言うと、ビジネスワードとして地方という言葉を使っている人が多い気がするんです。地方の名前を出しておけば本物っぽいとか。それって、MADE IN USAがかっこよくて、MADE IN CHINAはちょっと、と言っているレベルの話とあまり変わらないと思うんですよ。東京の人は地方に憧れて、地方の人は東京に憧れている逆転の状態は、何か変だなあと。

後藤：でも、そうした価値観を否定することはできないんですよね。でも例えば駒沢って、駒沢の人っぽい何かがあるような気がするんですが。

鈴木：新潟の人が新潟にいるように、駒沢の人が駒沢にいますね。でも、新潟だろうと駒沢だろうと、その地域独特の、その地域だけの社会ってあると思うんです。それはきっと、地方により深く行けば行くほどね。

後藤：そうですよね。そこにしかないものが本来ある。僕らが「ダブルローカル」と呼んで都市と里山を行ったり来たりする生活をするようになって気づいたことの一つがまさにそんな感じで、どちらにもそこにしかないいいものがある、だから今は、どちらも否定する必要はないんだという考えに至っています。

2018

2018/04/06@gift_lab GARAGE ― 鈴木善雄（TAKIBI BAKERY / 株式会社 CIRCUS 代表 / CASICA ディレクター）

日本でも海外でもなく、古くも新しくもなく。カテゴライズしないということ

後藤：3年前にもお話を聞きましたが、この3年間で、何か変化はありましたか？

鈴木：3年前にお話させていただいたときは、社員とアルバイトを合わせて50人ぐらいいる会社（※1）だったんですね。飲食店をベースに、「SOLT & SOIL」というデリカテッセンが飯田橋と渋谷のヒカリエにあって、「LABO by TAKIBI BAKERY」というパン屋さんが奥沢にあって。そして「TAKIBI BAKERY」というブランドで、全国にパンやお菓子、紅茶を卸したり。僕自身がもともと店舗設計をやっていたので、内装の設計も自分で手掛けた、といった内容をお話をしましたよね。現在は、僕と嫁、ふたりでやっている会社に変わりました。2年くらい前に、飲食店をすべて辞めて。あとは、店舗のディレクションをメインにしています。というわけで、この3年間でかなり状況が変わっています。

「TAKIBI BAKERY」は、世界のパンと料理をその世界観とともに届ける〝旅するパン屋〟というコンセプトだったんですが、それは今も変わっていません。もう一つ、大事にしていることは、面倒くさいこと。現在僕らがやっているコンプレックススペース「CASICA（カシカ）（※2）」もそうなんですが、商品を取りにくくするとか、訳分からなく置くとか。

後藤：説明をあまりしない。

鈴木：説明をしない。今、何でも分かりやすいじゃないですか。コンビニのように、会話をしなくてもモノが買えちゃうのが嫌だったので。だから、分かりにくくして、なるべく人と話してほしいっていう意味があって。

池田：何だこれは？と思ったら、聞いちゃいますもんね。

鈴木：そういう不自由な商品をつくろうと。パンは、飲食店にあまり卸してなくて、ほとんどが雑貨屋とかアパレルであるという背景もあります。「TAKIBI BAKERY」は、最初はケータリングという形態だったんです。僕がやっていた内装の設計やデザインと食の間をつなぐものってなんだろう？と。そのときの一番の答えはケータリングで、ケータリングってもちろん味わうものでもあるけど「見せる」ものなので、料理をつくることと同時に、いかに料理を見せていくのかが、空間デザインの仕事につながるんです。それが「TAKIBI BAKERY」のスタートでした。

後藤：実店舗というリアルな場所がないから、〝旅するパン屋〟というキーワードが出てきたということですよね？

鈴木：そうですね。営業しなくなったパン屋さんを引き継ぐことになってしまったので、何もかもリノベーションをしたかったんですが、予算もないので、その場所を使って架空のパン屋さんをやろうと。

後藤：つまり、引き継いだパン屋さんでつくるけれど、お店にはしない？

鈴木：そうですね。

後藤：どこでやっていたんでしたっけ？

鈴木：東京・半蔵門です。そこで自分のパン屋さんをやりたいかというと、場所が違うなと。でもそのパン屋さんの職人技術は高かったので、その技術は活かしつつ見え方を変えたかったという。

後藤：そのひとつがケータリングだった？

ゲスト：鈴木善雄（TAKIBI BAKERY／株式会社CIRCUS代表／CASICAディレクター）
モデレーター：瀧内貫（「まちの教室」ディレクター）
聞き手：後藤寿和、池田史子（「gift_lab GARAGE」「山ノ家」主宰）

※1 株式会社CIRCUS

※2 CASICA：２０１７年11月オープン。東京・新木場の、古い銘木倉庫をリノベーションした、「生きた時間と空間を可視化する」をコンセプトに、新しいモノや古いモノ、日本のモノや海外のモノがヒエラルキーなくディスプレイされたコンプレックススペース。古道具、雑貨などのセレクトショップ、カフェ、ギャラリースペース等で構成されている。

TAKIBI BAKERY

※3　2019年現在、Webサイトは更新されている。当時のWEBのトップ画面は「TAKIBI BAKARY」のロゴだけが表示され、「NOW WE ARE TRAVELING」と書いてあった。

鈴木：そうですね。ケータリングとか、プロダクトをつくる。でもその時から、いまだにWebサイトが一度も更新されていないんですけど。2001年からずっとこれ（※3）。Webサイトでリンクがないって、誰も思わないじゃないですか。で、すごい画面中クリックして。

後藤：（笑）。

鈴木：そう。バゲットをすごいクリックしても、どこにも飛ばないです。

後藤：これ、メールアドレスすらクリックできない（笑）？

鈴木：できません。でも、このブランディングもすごいなって。「NOW WE ARE TRAVELING」って言って、旅している最中だから、更新していないんだよっていう、素晴らしい言い訳が。

後藤：ずっと旅をし続けているんですよね。3年前、「地域でカフェをつくる」というテーマで鈴木さんにお話いただいたんですが、「地域」というと、「東京以外のどこか」ってイメージが思い浮かぶ人が多いんじゃないかと思うんです。だけどその当時、鈴木さんは東京・奥沢という地域で場をつくっていて。東京にも地域というかローカル的なネットワークというか、そうした関係性ってあるんですよね。

鈴木：そう、例えば海外で日本人に会った時に「どこに住んでいるの？」と聞かれたとして、長野の人だったら「私も長野！」って盛り上がると思うんですけど、「東京出身」と聞いて東京？俺も東京」って、多分盛り上がれないと思うんですよね。沿線が一緒ぐらいじゃないと。東京って人口が多すぎるから、地方と比べてテリトリーが小さいというか、県単位で同郷感は出ない。よく考えてみると、県の単位からしたらすごく小さいけど、その小さな単位で、東京でもローカルとか地域とかエリアってあるんじゃないのと思っていて。奥沢で、僕も再認識しましたし。

後藤：自分がいる場所に誇りを持つことができる範囲って、ありますよね。

鈴木：そうですね。僕は生まれが世田谷区駒沢なので、駒沢という範囲とか、奥沢を盛り上げたいって気持ちもあって。今は「CASICA」のある東京・新木場。新木場って、居住者は5人ぐらいしかいないって話なんですよ。

後藤：すごいですね！

池田：え？そうなんだ。

鈴木：マンションも一棟もないです。誰がどこに住んでいるのか、逆にすごく気になるんですけど。僕は今、自宅が吉祥寺なので、吉祥寺は吉祥寺で、何かできることはないかなと。

ちなみに奥沢の「LABO by TAKBI BAKERY」は、工事が1年、営業が1年という伝説の短かさで衝撃の幕を閉じたんです。図面を引かないで物件をつくる実験をしてみたくて、毎日ミーティングをして「どうする？」って。そうすると、予想外のかたちでだんだんと生き物のように変わっていくのが面白くて。だから、なかなか工事が終わらなくて。そして、1年で閉店したんです。僕が農業をやりたいって言い出したからなんですけど（笑）。

世田谷という場所を選んだのではなくて、単純に物件がすごく気に入ったんです。もともとお米屋さんだった物件がパン屋さんになるっていいなというのもあった。お米って、日本人にとって一番大事な食べ物だけど、パン食の人口が増えて、消費量も増えて、入れ替わってきている時代で。まちの中心である米屋さんがパン屋に置き換わるって、時代として面白いなっていうのもあったんですね。清澄白河だと、前回の対話より前に「BLUE BOTTLE COFFEE」はオープンしていたんですか？

後藤：オープンしてましたね。

池田：そうですね、あの対話はオープンしてから、ちょうど半年後ぐらいかな？

後藤：清澄白河という場所が、ちょっと話題になっている時期ですね。

鈴木：僕らが物件を探しているときは、多分オープンするよってタイミングで、じゃあやめよう、となった。清澄白河も面白いなと思っていたんです。場所って難しいですね。新木場は、お客さんは平日は1日2人ぐらいじゃない？って言われていたんです。それが今はかなり多くのお客様が来てくれるので、良かったですけど。最初は結構ビビりながらですよね。

後藤：常に実験だし。

鈴木：そうですね。

後藤：常にあまのじゃく、とも言えるかもしれませんが。

池田：人の足跡のないところに行く。

鈴木：どんな仕事をやっていてもそうなんですけど、何十人の中を勝ち上がって一位をとれる自信がないんです。だったら、誰もいないところで「隙間産業」をするほうがいいかなと。

後藤：それはおそらく、真っ当な判断ですよね。すでにできている、温まっているマーケットに入っていくのは、どんな世界でも結構な競争になるので。

鈴木：そうですね。「CASICA」を始めるときの場所選びもすごく考えて。クライアントさんも最初、オンラインショップとその先のリアルショップの依頼だったのですが、目的を伺ううちに、「ネットでなく、実店舗でやりましょう」と、その中で中目黒や青山からイースト東京までいろいろと探しつつ、でも一番これから新しいことが始められそうなまちということで新木場になりました。

後藤：だいぶ説得して（笑）。

鈴木：たくさん話し合いはしました。ネットショップをやりたいって言っているのに、まさか新木場にね。1，000平米の物件を借りて、おまけに事務所もそこに移転してもらって。クライアントさんのご理解の賜物です。「TAKIBI BAKERY」としていろいろな店舗に雑貨を卸していたんですが、そういう店舗の近くにあっても、そこに勝てる気が1ミリもしない。その店舗と被るようなこともしたくないし、違う個性を、何も色がついてない場所でやりたいという気持ちがあったので。

この写真は奥沢の「LABO by TAKBI BAKERY」ですね。

池田：この時から古道具もぎっしり積んであるような感じ。中庭もありましたよね。

鈴木：古い日本の家具を積み上げてお店をつくっていたんです。こういうのは図面の書きようがないですよね。

池田：こうやって改めて見ると、これが「CASICA」に引き継がれていったんだなあと。まさに原型がここにある感じですね。

鈴木：はい。ちなみに設計の仕事をやっていると、デザインの流行もあるので、「ブルックリンっぽくつくって」みたいな依頼ってあるじゃないですか。ブルックリンっぽくとか、ポートランドっぽくとか。そう言われても、じゃあまずブルックリンっぽい箱を持ってこいと思いますけどね（笑）。

奥沢にあった「LABO by TAKIBI BAKERY」

池田：確かに。

後藤：その立地はどこにあるんだって（笑）。

鈴木：そうです、この日本の建築の天高でどうしろと言うんだって（笑）。そういう「○○っぽく」というのが嫌だったし、クライアントワークではなく自分のお店なので、好きにやっていいということで、とことん日本のものを使っても今っぽさを表現できるんじゃないかなと考えて。

後藤：「山ノ家」においても、古民家風とか和モダンと言われたりすると、どう返していいか分からなくなりますね。別にそういうつもりではなくて、どれにも当てはまらないようなことをやっているのにって。

鈴木：やっぱりひねくれていますね（笑）。

後藤：そうですね。その辺はわりと話が合う（笑）。

鈴木：この間おばあちゃんが来て、床に貼ってある六角形のタイルを見て、「うちの便所のタイルと一緒だわ！」みたいな。「ああ、そうですか」と（笑）。でも、そういうのも嬉しかったりするんですよね。「CASICA」のタンスを見て、「これおばあちゃん家にあった！懐かしい！」とか。木彫りの熊だって、見せ方、提案によってモノが変わっていく。うちはドアストッパーとして使っています。うちの子がまたがって、金太郎ごっこをやっています。ゴールデンウィークぐらいに、熊博みたいなのをやろうと思っているので。

池田：マジですか。

鈴木：もう今、熊をたくさん溜めているんですよ。めちゃめちゃ熊いますから。

後藤：「TAKIBI BAKERY」は、〝旅するパン屋〟って言うコンセプトで、それって無国籍というか、どこで

新木場の銘木倉庫をリノベーションした「CASICA」
無数の木彫りの熊たち

もないような、あるいはいろいろな状況が混ざっているような感覚ですよね。そこがつながっていて、日本でも海外でもなく、古くも新しくもなく。

鈴木：そうですね。僕っていう人間自体もそうなのかもしれないんですけど、職業を聞かれた時に、「インテリアデザイナーです」って言えたらいいんですが、そんなにインテリアデザインのことばかりしていない。でも人って、カテゴライズされると腑に落ちるというか。カテゴライズできないと、怪しい人になるじゃないですか。

後藤：安心しないし、落ち着かないですよね。

鈴木：分からない生き物になってしまう。でも、いろいろあるから逆に面白い。今までやってきた仕事の全てがつながっていて、今やっているカフェのディレクションがあったりする。いろいろなことをやっているのは、自分にとってプラスにもなっている。奥沢の「LABO by TAKIBI BAKERY」の世界観も、「CASICA」につながっているんですよね。色合いとかはシンプルにしていますけど。奥沢の時のイメージは踏襲している感じですね。

地域とつながることは、無理してやることではない

後藤：3年前に、情報発信のしかたについてもお話されていましたね。オープンしてから取材を全てお断りされていたんですよね。Webメディア、雑誌はあえて使わずに、折り込みチラシを使ったりとか。

鈴木：パン屋という業態って、まちに一つはあって、地元の人が買いに来てくれればいいというか。おいしいからと言ってわざわざ遠くのパン屋さんへ行く必要はないと思っているんですね。一番近くのパン屋さんに行けばいいじゃんと。だからなるべく、遠い人がわざわざ来るパン屋さんじゃないようにしようと。ひねくれていますね（笑）。

外の席に、知らないおばあちゃんがずっと座っているんですよ（笑）。でも、そういうのもいいなと。もともとのお米屋さんが商店会長で、お祭りの時にみんなの詰め所になっていたり。そういう場所をお借りしていたので、不特定多数の外へ向かうよりは、奥沢に住んでいる人に対して、より近くやっていくスタンスにしたいという思いがあって。SNSは、面倒くさかったっていうのもありますけど、ほとんどやってないですね。

後藤：お店ができたことを、少し離れたところにある同業のパン屋さんに行って、挨拶に行ったんですよね。

鈴木：はい。ご挨拶に行って、一日の営業時間は短いんで、と。

後藤：すごくローカルの中にあることを意識していたんだなと。東京でも普通にローカルがあるっていうところが面白いなと思ったんですよね。

鈴木：地方から来た人に「東京の人って冷たいよね」と言われることがあるんですけど、そんなことないと思うんですよね。下町っ子って、すごく人情深かったり。

後藤：清澄白河に移ってきて、同じようなことをすごく感じていて。3年に一度の「深川祭り」をやっているときに、思い切ってお店をクローズにして、町会の場所としてカフェスペースを開放したんです。「山ノ家」で、おじいちゃん・おばあちゃん、おじさん・おばさんに対して、いい意味での免疫ができたという背景もありますね。

池田：（笑）。

後藤：地域とつながるって、無理してやることではなく、自然と出てくるというか。地域カフェというか場所を開いているので、そうせざるを得ないということもあって。東京の東側だったら、地域とコミットすることができるんじゃないかなというのは、前提としてうっすらとありますね。

池田：カフェが、その地域のインターフェイスになると思ったんですよね。新潟の里山で、縁あってカフェと宿屋を始めましたけど、地域に無理に合わせることはほとんどしなかったんです。だから近所のお父さんとかお母さんとか「ここは何？」と入ってきて、人によっては「喫茶店かな？」「上は泊まれるの？」とか聞かれて。でもあまり細かく説明し過ぎないようにしました。わりと東京にいる時とスタンスは変えずに接していて。逆にそれでいいのかなって。じつは行くまでは、言語も変えなくちゃいけないのかなと思っていたんです。地域言語じゃないけれど、もうガラッと人格も言葉も変えて、話し掛けないといけないのかなとか、地域のことを勉強したほうがいいのかなとか。

だけど、実際にそこに入ってしまうとそんなふうに構えなくていいんじゃないかって。よそ者でいいし、エイリアンでいいやって。そうすると、さっき「CASICA」の話に出ていた、説明しないで置いておくと、聞いてくれるっていうのと近い現象が起こっていて。「この人たち誰？どこから来て何をやろうとしているの？」って、それぞれの視点とそれぞれの持っている価値観から聞いてくれるので、それに対して返答をするだけで、特にこちらから説明をしない。でもいつの間にかそこが、拠り所になっていくんですよね。不思議ですよね、本当に。

鈴木：僕も、やっていた飲食店やパン屋さんを辞めてしまって場を持たなくなったら、人とのつながりとか関わり合い方がすごく変わってしまって。今は「CASICA」ができたおかげで、そこにいると、誰かしら会ったり、紹介してもらって知り合いが増えたり。確かにカフェやお店のような場があることで、人との関係性が流動的につながっていったりしますよね。

普通に考えると絶対に出会わない人と、同じ空間で時間を共有するということ

鈴木：あと、みんな本当にカフェって好きですよね。

池田：好きですね（笑）。

鈴木：「CASICA」はメインのスペースがプロダクトのはずなんですけど、インスタグラムで上がっているのは、ほとんどカフェですからね（笑）。

池田：そうかあ（笑）。

後藤：カフェって、多様さが面白いというか。哲学カフェとか、単純に飲食店という意味合いではない「カフェ」も存在している訳で。人が集まるところがカフェなんだろうなって。ちなみに「CASICA」にカフェをつくることは、必然だったんですか？

鈴木：雑貨屋さんとしてプロダクトを置くことをベースに考えていて。敷地が1，000平米という背景もあるんですが、それだけではなくて、カフェがあることで、滞留時間が長くなるというか。何回お店の中を回っても違う発見ができるように、引き出しの中にいろいろなものを入れていたりするんです。

後藤：長い時間滞在しないと気づかないような？

鈴木：そうですね。古道具、古家具、古美術とかいろいろな言葉があるんですが、古美術の世界って、入ると畳1畳ぐらいのスペースに壺が3つぐらい置いてあるだけで、その奥に明らかに部屋があるのに、通してくれないんですよ。番頭さんみたいな人に、「はい、一見さんでしょ。あんたモノ分かってるの？」みたいな目で見られて、気まずいから外に出ちゃうじゃないですか。そういう小難しい世界が嫌で。これは江戸時代の初期の何々で、とかいうことも嫌で。いいじゃん、気に入ったら何でも別にって。新しかろうが古かろうが、日本のものだろうが海外のものだろうが、何でも好きなものを買えばいい。だから、そういう見せ方にしているんです。間口を広げたかったんですよね。だから、「CASICA」に来てくれる湾岸エリアのファミリー層のために、授乳室もつくっているんです。壺とかがある中で、子どもが走り回っていたりするんですよ。

後藤：お母さん、ヒヤヒヤじゃないですか？

鈴木：大した額じゃないんで（笑）。割れちゃったとしても、怒られて、それで子どもが成長すればいいんだし。まあ、割ったからってお金をいただくつもりもないですけどね。間口を広くすることを考えると、カフェという要素がすごく大きくて。「食」って年齢に関わらない。

後藤：食べない人はいないですからね。

鈴木：はい。だからカフェがあるからフラっと入れて、でも奥にこういう雑貨があるからちょっと見てみようとか。入りづらい店にはなっていないだろうと思うんですね。新木場って材木のまちなので、工務店の人が、上下作業服で、普通にそこでお茶を飲みながら打ち合わせをしていたり。そういう雰囲気もいいなって。結構、作業着率が高いんですよ。

池田：東京であろうが、地方であろうが、ローカルでカフェをつくる醍醐味ってそういうことですよね。例えば東京の青山あたりのカフェだと、ターゲットがすごくセグメントされていて、良くも悪くもそういう人しか来ないお店になっちゃうと思うんです。

でもいわゆるローカルだと、いろいろな人が来ちゃう。「山ノ家」では、田んぼ帰りのおじさんがコーヒーを飲んでいて、その横には海外の現代美術のアーティストがいて、なんとなく会話になっていたりして。東京だったら、普通に考えると絶対に出会わないような人たちが、同じ空間で同じ時間を共有することができるって、いわゆるローカルなカフェじゃないと起こり得なくて。誰でも入れちゃう、入っていいんだな、と。

そうしたカフェのありようがローカルな場所だと成立するんですよね。

鈴木：人の流動性が少ないエリアのほうが、地域に対しての思いも強いし。

池田：そう。他に喫茶店がないから、来ちゃったおじさんたちが打ち合わせしていたり。

鈴木：選択肢がないんですよね、「CASICA」もその周りに何もないだけで。あれば他に行くんでしょうけど。

池田：それがまた、すごい"るつぼ"になるんですよね。

鈴木：だから面白い。新木場でご飯を食べるとしたら、「すき家」か「CASICA」しかないですから（笑）。牛丼かカフェの二択なんですよ。僕らも二択なので、「CASICA」ばかりだと飽きるから、たまに牛丼を食べに行ったりするんです。

池田：でも、それがすごく楽しい。え、こういう人も来ちゃうんだなっていう人と、やっぱりこういうところに来るよねっていう人が、ごく自然に同じ場所にいるじゃないですか。

後藤：「どうぞお入りください」って言わなくても、誰でも入っていいという前提が、カフェなんですよね。別に居ていいですよ、という居場所になるわけで。さっきの骨董の話じゃないけど、どう居ていいか分からない、みたいなことに対して、ちょっと差し伸べる手があってもいいのかなって。

池田：確かに。

鈴木：「CASICA」でも、授乳室があるだけで、子ども、お母さんもどうぞってアピールができますし。ペットは中に入れないんですけど、外席もできるので、そうしたら犬連れでもどうぞとか。ひとつのサインとか、分かりやすさを提案するだけで、大丈夫ですよ、どうぞって言えるところはあると思うんですね。お客さんを制限しようと思えばいくらでもできますけど、逆に広げるのもいくらでもできるんですよね。

池田：そうですね。ローカルでカフェをやって初めて分かりました。

後藤：線引きはないですよね。良くも悪くも見えない。ショップとしてモノが置いてあったり、時にはアート作品の展示をしている中にカフェという入口で入ってきたけど、面白いものに出会ったとか。あるいは、この作家さん素敵ねという感じで、違うところにつながるハプニングが起こる。そういう、いろいろな仕掛けがあると面白いなと思っていて。

鈴木：うちの嫁の実家が、吉祥寺でパン屋さんとギャラリーをやっているんです。地下が「ダンディゾン」というパン屋さんで、上が「ギャラリーフェブ」というギャラリーなんですが、パン屋さんに来る層とギャラリーに来る層って違うはずなんですけど、パン屋さんでパンを買って、ギャラリーで何かやっているから見に行こう、みたいな、そういう人の循環がある。だからカフェってエキストラで何かをやるのは、すごく面白いことだなって。予想外の出会いも、広がりもありますし。

池田：本当にそうですね。

鈴木：カフェって、いろいろな業態が組み合わさっても全然違和感がないというか。なんでもありなのがカフェなのかなって気もします。

池田：そうですね。「山ノ家」に泊まるのは主としてよそ者で、カフェは近所の人しか来ないんですよね、日常的には。週末は遠方からもいらしたりするんですけど。だから、雑多にいろいろな人が来ちゃう地元の人がメインのカフェという場所と、基本よそ者しか来ない宿屋が、週末になると入り混じっていくんです。そういう予想外の出会いとか広がりが、すごく楽しいですよね。

他に選択肢がない場所だからこそ、生まれていく〝日常〟

瀧内：地域って、セグメントすると生きていけないですよね。お客さんをセグメントすると、母数が少ないからお店として成立しない。地域の人も、よその人も混在する状況が面白いよね、となるポイントを深堀りできたらと思うんですが。

鈴木：例えば東京の中目黒だったら、選択肢がたくさんあるんです。その中で、単純に好きとか、ここに属したいとか、精神的な理由をもとに選択をしている。新木場の場合は、疲れてのどが渇いたら、自販機を探すか「CASICA」に行くしか選択肢がない訳です。それが面白い。東京って普通、選択肢があるのが当たり前なのに、選べないということですね。

池田：そう、おそらく瀧内さんがベースにしているような地域にとって、選択肢のある状況は当たり前じゃないんですよね。「山ノ家」は東京っぽい雰囲気の場所だから、田園地帯で生まれ育った人は来ないんじゃないかって思い込んでいたんですよ。選択肢の状況が全く想像もついていなかった。選択肢がないと、当たり前のように入っちゃうんだなって。東京でいう、このエリアならこういうターゲットで、こういう雰囲気とか、こういう素材を使って、こういうお茶出すよね、っていう当たり前が、当たり前じゃなかったんですよね。

鈴木：それ一番、僕らの仕事ですよね。

池田：そうそう。

瀧内：それじゃあみなさん、職業的な感覚で面白いと。

鈴木：かもしれないですね。

池田：それは大きいかもしれないです。

瀧内：ソーシャル系の場づくりをしていると、多様性があると可能性が高まる、みたいな話があると思うんですが、今の話って、場所という社会に提案したものに対してのお客さんの現象、リアクションが面白いということかなと。

池田：多分、私たちがセグメントありきが当たり前の日常をずっと送ってしまっていたんですよ。だからセグメントされた感覚で場所をつくっちゃったけど、他に選択肢がないっていう場所においては、見た目とか演出とかが無機能になるんです。選択肢がない世界では、趣味性も壁にならない。逆に選択肢がある世界、東京のような都市部だと、趣味性や美意識みたいなのが、ものすごい壁になり得る。それこそ、新木場でいう「すき家」か「CASICA」か、じゃないけれども、コンビニか「山ノ家」か。リアクションが面白かったというよりも、そのバックグラウンドというか、選択肢がない世界があるということへの気づきかな。

後藤：さっき話に出てきた、ソーシャル的な場の多様性の話は、それを言い過ぎて、ある意味、硬直化している気がするんですよ。実際どういうものがリアルな意味での多様性なのかな？と。リアルなところじゃなくて、理想の話としては確かにあるのかもしれないけど。

池田：確かに、ダイバーシティとかユニバーサルという視点でつくられたカフェよりも、自分たちが何も考えないでやっているカフェのほうが、ユニバーサルでダイバーシティなことになっていると思いますね（笑）。

鈴木：それが雑貨屋でも他の何でもなく、カフェという。さっきの機能、ファンクションとしてのカフェというか。単純にのどが渇いたから水を出してくれるところ。カフェは、そういう機能になり得るのが面白さであり、一番魅力的なところというか。例えばかっこいい雑貨屋さんだったら、地元の人は入らないと思うんです。

池田：確かにカフェだからかも。

鈴木：カフェだから入ってくれる。だから、「CASICA」には雑貨屋もカフェも両方あるんです。雑貨屋さんだけだったら、たぶん地元の人は入ってないんじゃないかな。

瀧内：質の話もありますよね。セグメントがないのが当たり前の社会でおしゃれな場所ができたとしても、ちゃんと美味しかったり、品物の質がよければ、セグメントがどうこうという話を超えると思うんです。

池田：すごく異質なものでも美味しければいいのかな？

瀧内：金額とボリュームみたいな話って、どうしても出てくると思うんですけど。最低限とか、ちゃんと美味しいというのは、セグメントを超える要素なのかなと。

池田：なるほどね。

鈴木：全然関係ないですけど、地方のカフェって高いですよね。都市近郊のほどほど田舎な地域でランチ1，500円とか、1，800円とか。東京でこれはできないなと。

後藤：どう考えても観光地価格だと感じる場所もありますよね。いわばハレの値段。僕らがやりたいのはそれじゃないと思ったんですよ。観光地でわざわざ行くおしゃれな場をつくるのではなくて、日常としてそこにある、ただそれだけの場をつくりたかった訳で。それはセグメントをしているか、していないかという話は、あまり関係ないというか。日常をつくりたかったんですよね。そこになかったから、機能として。

池田：自分たちにとっては、日常にしか考えてなくて。

後藤：最初はこんなに安くて大丈夫なのか、もっと値段を上げていいんじゃないかと、いろいろな人に言われましたね、スタッフも含めて(笑)。まあ、少し上げたりもしたんですが、それぐらい特別じゃないというか。その辺はすごい難しいですよね。日常的に入れる仕掛けにはしていても、そもそも外食文化がない地域だから。

池田：でもその割には来てくださっていると思う。本当に不思議だなというか、ありがたいなと。

後藤：あとは、僕が面白いなと思っているのは、想定してないことが起こること。多様性って言った時、想定できる全てのものを含んでいる気がするんですよね。僕らは逆に極端に振れ幅がある場をつくっているのかなって。その振れ幅があるから、普通には出会わない人が出会ってしまう。そのハプニングが面白いですね。あえて異質なものを持ち込んだつもりだったのに、そこに反応すると思っていなかった人が来たみたいな。

池田：自分にとっての異質という常識が、常識じゃなかったというか。異質という壁が立たなかったというか。だから、人が思っているほど、異質って異質じゃない。多様な人と接するためには、強いて多様性を持たないとだめなんじゃないかと考えてきたけど、このままでいいんだと。地元のお父さん、お母さんもそのままでいいし、自分もこのままでいいんですよね。

後藤：決して地域に合わせて、わかりやすく翻訳しているわけではなく、自分たちなりのエッジを立てているんですよね、空間だったり、場としての。だけど、そこではないんですね。おじさんたちも怖がらずに入ってきちゃうような。

池田：そうか、怖くないんだって。そういう自分も怯えていたんだけど、何も壁はないじゃないか、という。本当に驚きましたね。

鈴木：それって、全ての地域でそうとは限らないですよね。地域に入っていけないという話もよく聞くし。

だから、地域がたまたま良かったからかもしれないし、おふたりの人柄かもしれないし、理由は分からないけど、おそらくいろいろな要素が積み上がってきたものなんだろうなと。

池田：「大地の芸術祭」で感動したことは、作品ガイドを務める地元のお父さん、お母さんが、「ジェームズ・タレル（※4）さんっていう人はね……」って、方言まじりに、きちんと理解をしていないと語れないなという説明をしてくださるんですよ。テキストをそのまま暗記して話している感じではない。ちゃんと自分の言葉で現代アーティストの作品を説明していたのが、もう衝撃で（笑）。私、一応美術の勉強をしてキュレーターの資格もあるんですけどね。その私から見ても。だから、本当に思い込みだったんだなあと。現代美術が好きな人とか、デザインが好きな人とかって、都会的で、田園的なものと共通言語を持たない、ぐらいに思っていたんですけど。

後藤：越後妻有がそういうエリアだからこそ、やろうって思ったんですね。地元の人も、10年以上の月日をかけて、アーティストとかいろいろな人に免疫ができていた場所だから。

池田：そうですね。全くそういう免疫がない場所で、「山ノ家」をつくっても、化学反応は起きなかったのかもしれないですね。

※4 ジェームズ・タレル：米国の現代美術家。光を知覚する人間の作用に着目し、日常的には意識しない光の存在を改めて認識させようとするインスタレーションを多数制作している。第一回大地の芸術祭 越後妻有アートトリエンナーレ（2000年）のために制作された「光の館」は谷崎潤一郎の『陰翳礼讃』から構想された、日本の伝統的な家屋と光のアートを融合させた作品。

※1　一年間、試しに全12回おこなった。テーマは「ダブルローカル（の可能性）について」「都市生活におけるギヴとテイクのありかたについて」「しごとと地域コミュニティの関係性について」など。（詳細は、tumblr「koyalogue」にて掲載）

コラム｜開かれた密室「小屋バー」と、講義でもトークショーでもない対話の時間「小屋ログ」

文　後藤 寿和

場を開く仕掛けとしてカフェを併設した東京・清澄白河の「gift_lab GARAGE」。さまざまな人たちの交流を生み出すきっかけにしたいというのがその目的だったが、ありがたいことにいざ開けてみるとなかなか慌ただしく、人と会話をするタイミングを計るのは難しい。もう少し違った距離感や時間の流れで人との接点をつくれないものか、そんなことを考えていた時に思いついたのが「小屋バー」だった。

「gift_lab GARAGE」の空間には、ある企画の仕事で製作した「小屋」がある。この小屋の中に入ってバーのような感じでお酒を提供してはどうだろうか（普段のメニューにもある、ビールの栓を開けたり、ワインを注いだりする程度で）。金曜日だけ、営業時間外の19時から22時くらいまでに延長したら、いつもとは違う雰囲気で来訪者とゆっくりと話せたり、新たな何かが生まれるような場をつくれるかもしれないと考えた。

正式オープンからちょうど一年後の2016年2月に、思いつきの勢いのままスタートすることにした。あまりにも急なことなので、誰も来ないかもしれないが（実際にはちゃんと来てくれてとても嬉しかった）、まずは試してみよう。いつもそんなふうに、まずできるかたちでやってみる、「走りながら考える」スタイル。

開けてみると、思っていた以上に、それまでにはなかったような人との接点が生まれたり、つながったり、「小屋バー」がきっかけとなるできごとが自然発生的にたくさん生まれたり。私たちがつくる場を支える上での大切な一側面として、現在も継続している。

また、バーの中で来訪者と会話をしていると興味深いテーマや言葉がときどき現れては流れ、そのまま流れてしまうのがちょっともったいないと感じることがしばしばあった。リラックスして交わす言葉にはアイデアの種がたくさんある。そこで、記録として残すことを前提に、話してみたかったテーマを設定して、そこから会話を進めていく時間をつくってみることにした。議論や講義でもトークショーでもない、結論を求めず思うままに言葉を交わす「対話の場」。これを「小屋ローグ（koyalogue）（※1）」と名付け、小屋バーからちょうど一年後の2017年2月から、毎月第四金曜日に開催した。

ほぼ毎回参加する人もいたり、最初は「聴くだけ、居るだけ」と消極的に参加していた人もいつの間にか自然と話し始めたりするなど、とても興味深い時間が生まれた。バーの前に座る人がフラットな関係であるように、対話は主客の設定や属性に関わらず言葉を交わすことができる。知識ではなく自ら思ったことや体験からの気づきなどが自然と言葉になる。

テーマがありつつも結論や答え、何が正しいのかなどを求めずに話し合う機会は、あまり多くはないと思う。これは「ダブルローカル」で得た私たちの気づきの一つ、「都市と里山のどちらも否定しない」ということにもつながっている。

2015

2015/08/08@GAKUSYOKU ｜ 松村豪太（ISHINOMAKI 2.0代表理事）
地域カフェのつくりかた「「地域」とつながる、「状況」をつくる」

石巻というまちが大嫌いだった

後藤：松村さんが活動されている「ISHINOMAKI 2.0」についてお話いただけますか？

松村：石巻を、震災の前のまちに戻すのではなく、新しい未来をつくりたいという思いから「ISHINOMAKI 2.0」を立ち上げた松村です。宮城県石巻市は、東日本大震災の震源地に近く、相当な被害を受けました。亡くなった方の数、流された家の数、浸水面積、すべて最大規模の被害を受けたまちです。

石巻の人口は15万人弱（2015年当時）。もともと人口は衰退してきていました。震災前は163,000人くらいだったんですが、4,000人ほど亡くなって。北上川という一級河川があり、その河口のまちで、港町として栄えてきました。北上川は岩手県から宮城県に下る川なんですが、その一体が穀倉地帯なんです。収穫されたお米が石巻に集まって、江戸に運ばれました。徳川家光の時代には、江戸で食べられていたお米の3分の2が石巻から運ばれた時期もあるそうです。石巻は、東北で2番目に日照時間が長いんです。だから作物も豊かだし、世界三大漁場と呼ばれる「三陸金華山沖」という寒流と暖流が交わる海域で、イワシ・サンマ・カツオ・マグロなどの好漁場がある、つまり食料に恵まれすぎている地域なんです。

人間は恵まれると、大体ダメになるんですね。努力を忘れて、頑張らなくてもなんとかなると。結果として、石巻は震災前からシャッター通りが広がって、若者も流出する、〝つまらない〟まちでした。地元の人を前にしても堂々と石巻が大嫌いだと言えるくらい、本当に嫌いだったんです。

ゲスト：松村豪太（ISHINOMAKI 2.0 代表理事）
聞き手：後藤寿和（「gift_lab GARAGE」「山ノ家」主宰）

一時期、「マイルドヤンキー」という言葉が流行ったと思うんですが、まさに「マイルドヤンキー」なまち。狭い領域で固まって、中学校の同級生・先輩後輩みたいな関係性を重視するような、そんなまちです。

もちろん地域への愛というか、土着的コミュニティはすごく大事だと思うんですけど、とはいえ、排他的であることが僕は嫌いでした。そして、まちの経済も、あまりうまく回っていなかったんです。そして、２０１１年３月11日14時46分、石巻は震度６弱だったんですが、揺れは本当に大きかったですね。

石巻の中心商店街を、北上川を遡って溢れた波が襲いました。津波の高さは２mちょっと、建物の一階分くらいの高さです。

石巻の中心街は海から３kmほど離れているので、波の勢いで建物が倒壊した訳ではないんですが、川から溢れる波が建物の天井にまで達した。さらに、車や船、流された家が建物にぶつかって、多くの建物が全壊しました。あの本震の前、震度5とか6の地震が続いていて、その度に津波注意報・警報が出たんですけど、津波が来なかったり、10cmの津波だったりして、また今回もそうだろうと思っていたら、実際に大きな津波が来た訳ですね。津波だけじゃなくて、流出した油へ引火して大規模な火災も起きました。

震災後すぐに、たくさんの仮設住宅が建設されましたし、多くのボランティアたちが集まりました。１ヶ月くらいで主要な道路は通れるようになって、２ヶ月くらいで電気や水道、主だったインフラは回復しました。それも、たくさんのボランティア、全国の自治体、米軍を含めた、みなさんの協力のおかげです。

でも、そうして瓦礫が片付いてくると、もともとあった課題が浮かび上がってきたというか。それは閉鎖的かつ排他的なしがらみとか、不合理な秩序とかに巻き込まれるとか、僕が石巻を嫌いだった理由、そのままなんです。

「世界で一番面白いまちをつくろう」

松村：僕は震災前、NPO職員とは言っていたものの、実質ニートみたいな存在だったんです。中学校を卒業して、マイルドヤンキーな環境に嫌気がさして、まちを出ていくと親にわがままを言って、高校は北海道に行って。大学は東北に戻ってきて、仙台の大学に10年くらいいたりとか。大学卒業後も夜のフィールドワークと称して、仙台の繁華街でうろうろしたりと、ダメ人間の象徴みたいな人間だった。つまらないと文句だけは言うような、生産性のない人間だった訳です。でも、こういう自分も含めて石巻を嫌ったんでしょうね。

震災後に、つまらないまちだけれど、こうしてすべてがゼロになった今だったら変えられるんじゃないか。そう考えて、「ISHINOMAKI 2.0」という活動を始めました。

震災ボランティアをきっかけに、建築やデザイン、IT、コピーライティングを仕事とするような人とご縁ができたんです。つまらないと思っていたまちで、それまではできない会話や、いろいろなアイデアをぶつけてボールが返ってくる相手ができたというか、反応できる存在が生まれた。そこで、震災の前のまちに戻すのではなく新しい未来をつくろうと、「世界で一番面白いまちをつくろう」を合言葉に、全壊した元旅館の二階を拠点に集まり始めました。

既存のまちへの課題意識を持っていた若手経営者や老舗の社長さん、料理人といった地元の人たちも来てくれて、電気もまだ回復していないような状態だけど、今だったら自分たちでまちを変えられるよねという、非常に前向きな空気でした。

目の前は課題だらけなんです。だから、この課題をみんなで解決できないか。例えば子どもの遊ぶ場所がない、稼げる生業・産業がない、若者は外に出たまま帰ってこない、結果として高齢化が進んで、面白い場所もない。そういった課題の中でも、端的なのが「閉鎖的」という部分だったので、開いていく、オープンにしていくことで、まちを面白くしようと。この「まちを開いていく活動」には、「人」という側面と、「空間」という側面があります。

「人」という側面では、『石巻VOICE』というフリーペーパーを創刊しました。たまたまメンバーに編集経験のある広告代理店のプロデューサーがいたので、プロボノでスキルを活かしてもらいました。東京工業大学の研究室を中心に「私の石巻」というテーマで、地域で地道に頑張っている人たちの取材をして、かっこいい写真とフィルターにかけないそのままの思いを文字にして伝えました。

そうすると、こんな頑張っている人がいるんだって、今まで知らなかった地域の魅力やすごさが伝わっていくんですね。自分もちょっと手伝えるかなとか、いや俺のほうがもっとすごいことをやってるよというふうに、まちがだんだんざわついていく。触発されていくんですね。本当にゼロから、立場のある人とのコネも資金もない団体だったわけですが、このフリーペーパーを名刺代わりに、いろいろな人とつながることができました。

そこから自然栽培に取り組んでいる農家さんとツアー事業を始めたり、呉服屋の若旦那と浴衣を着ることを条件にした街コンを始めたり、地元のラジオ局の部長さんに番組を持たせてもらったり、津波に流されてしまった映画館の興業主さんと金曜映画館というプログラムを興したり、いろいろなつながりが生まれていったんです。

今回は、「状況をつくる」というテーマですが、どうやって仲間をつくっていくか、人をつなげて、手伝ってくれる人や賛同してくれる人を集める、探していくかは、おそらくいろいろな方法があると思うんです。

人といっても、地域の年配の方、僕と同じようにつまらないまちだと言うような若者、あるいは外部の人、さまざまです。そして、それぞれに動機があるんですね。例えば外部の人だとしたら、言葉は軽いですが、かっこいいことをしたい人、あるいは困ってる人を助けたいという熱い情熱を持っている人。その動機ごとに接し方を工夫しなければいけませんし、巻き込む場をつくる必要があると思います。

まちを知る、活動を見える化する、柔らかく場をつくる

松村：僕らの活動で象徴的なのは、「IRORI石巻」というオフィス拠点ですね。もともとはガレージでした。駅前の目抜き通りで、これ以上の立地はないような一等地の角地なんですけれども、震災前から使われていない状態でした。コンビニが入っていた時期もあるんですが、閉店してしまって。津波が天井近くまで達して、かなりのダメージを受けたのですが、資金もないので、すべて自分たちで改修しました。

幸いなことに、仲間には建築デザイナーがいたんです。床を張る資金もありませんし、断熱材も入れられないので床を張る代わりに、床用塗料で打ちっぱなしのコンクリートを塗るという画期的な方法で改修しました。全面ガラスのファサードにしたんですが、外から丸見えというデザインは、それまで石巻になかったものでした。それで、外から作業している風景が見えると、いろいろな人が集まるようになったんです。

オフィスって、普通はセキュリティや遮音性、断熱性が求められると思うんですが、資金がないので開き直って、「外と近いオフィス」にしたら面白さが生まれるんじゃないかと考えました。つまり、普通は閉じているオフィスを外に開いていこうと。難しく聞こえるかもしれませんが、簡単です。テーブルとイスを置いて、Wi-Fiを誰でも使えるようにするだけです。

通常のコワーキングスペースやシェアオフィスって、利用規約がガチっと決まっていますよね。自由に使えるテーブルは月いくらとか、何時以降は入っちゃいけませんとか、たばこは吸わないでくださいとか、飲食はここだとか。でも僕らはあえて、ルールをほとんど設けませんでした。本当に必要なことは、この場にいる人たちとは、みんな共有できているだろうという信頼があったんです。

そうすると、単なるオフィス、作業場ではなく、本屋さんごっこを始める人が出て来たり、演劇や音楽イベ

ントをやる人が現れたり。ちょうどその頃、中東では「アラブの春」と呼ばれる民主化運動の波が起きていたんですが、まさに政権と戦っていたメディアや大学の若手研究者が石巻に集まって、リーダー像というテーマで意見交換をするセッションを設けたり。シャッター商店街のすごく狭い場所に、毎日20人くらいが集まって、いろいろな出会いや化学反応が生まれていきました。

まとめると、まちを開いて面白いまちにしたいと思ったら、まず自分がまちのことを知る必要があるということに気づきました。石巻に生まれ育って勝手に嫌っていたから、知ろうとしていなかったんですね。どういう歴史があってどういう人がいるのか、動こうと思っている人自身が、まちを知らなきゃいけない。

次に、自分の知識を共有し「見える化」する。みんながその情報にアクセスできるようにする。僕の場合は、フリーペーパーをつくってみたり、いろいろなトークイベントでまちの人を呼んだりしたんですが、そういう活動、アクティビティの「見える化」を図ること。

さらに次の段階として、柔らかく場をつくること。場をつくるといっても、立派な建物を資金を投じてつくる必要は全くないんですね。必要なのは、イスとテーブルです。人って、イスとテーブルがあればどこでも、腰をかけて誰かと話す。そこに滞在するようになります。もしかしたらイスとテーブルすらなくてもよくて、通りにベンチを置くだけでもいいのかもしれません。

そうすると、そこに思いがある人、必要がある人、関心がある人が継続して集まるようになって、「ISHINOMAKI 2.0」というプラットホームを通じて、何かをしたい人、何かを手伝いたい人、何かを手伝ってもらいたい人も集まる場になっていきました。現在、スタッフは10人くらいです。

当初、継続的に働いているスタッフの8割から9割は、外から来た、いわゆるよそ者でした。でも、この活動を遠巻きに面白そうだと思っていた地元の人たちがだんだん入ってくるようになって、現在5割が石巻ローカル、僕と同じ、石巻の小中学校、高校を卒業した人たちになりました。

後藤：自然に地元の人たちが運営に加わるという状況が生まれていったんですね。それにしてもかなりの数のプロジェクトが立ち上がっていますね。

松村：この仕事をしたら報酬はいくらという契約ではなく、石巻というまちを自分が好きな状態にしようという意識で、50くらいのプロジェクトを小さくゆるく、失敗しながらやってきました。エラーすることありきというか、失敗することを前提として実践する。プロジェクト数の多さは、スピード感を持って、まずやってみることを大事にした結果だと思います。

そして2014年の春には、こうした場が二、三箇所増えています。空き家を改装したゲストハウス「復興民泊」、市民工房、ITの拠点、本のコミュニティスペース「まちの本棚」に復興バー。とにかくゆるくコモナリティ（共有性）をまちに広げていく。柔らかく場をつくった積み重ねとして、まちが賑やかになりつつあります。理想としては、お酒を飲む場も、本を読む場も、一つの施設に集まっていると便利かもしれません。でも、被災地って使える場所がわかりやすく整っているわけじゃないんですね。なので、まち全体を一つの施設と考える、バラバラの施設を有機的につなげることでまち全体を面白く使えるんじゃないかという発想から取り組んでいます。

「場をつくる」から、「状況をつくる」へ

松村：状況をつくるという面では、巻き込むべき対象者はさまざまです。外から来る人にも楽しんでもらいたいし、ずっと地域で頑張ってきた方も巻き込まないと、上滑りな、寒い状態になってしまう。そこでお話したいのが、僕たちの最初の、かつ一番大きな事業である「STAND UP WEEK」という事例です。「STAND UP WEEK」は、10日間くらいかけて行う実験的なお祭りで、石巻の伝統的な川開き祭りという夏祭りを盛り上げようという側面もあります。最初の回は、2011年7月23日から8月1日に開催されました。

2011年を振り返ってみていただきたいのですが、震災が起きて、僕らが最初にテレビを観たのは6日後

くらいで、新聞を手にしたのもそのくらいでした。泥の中を遠くまで歩いて、「世の中は新聞が発行され続けていたんだ」って思ったんです。世界中がストップしているような感覚でいたので、ちょっとしたカルチャーショックでした。石巻は、震度5くらいの余震が1日1回くらい、1ヶ月ほど続きましたしね。東京では、「自粛」とか「不謹慎」というキーワードが出されていたと思います。僕らにとっても当然、家族が亡くなったり家が流された人たちが周りにたくさんいる訳で、そういった方への配慮は、誰かに言われるまでもなく当然必要なことです。

だからといって、いつまでも手を合わせているだけでは何も前に進まないんですね。特に子どもたち。そういう大変な状況だからこそ、子どもたちが笑顔になれるプログラム、場をつくらなくてはいけない。あるいは、若い人たちが騒げる場をつくらなければいけないと考えました。

震災によって多くの地区が壊滅している状況だけれど、壊滅しているからこそできる、外とのつながりを生かした、今までになかったようなかっこいい祭りをつくりたいと思ったんです。素朴な村祭りではなくて、ちょっと刺激的な、挑発的な試みをしようと。

映画祭もその一つです。「STAND UP WEEK」の企画の一つとして、10日間連続の野外上映会をやることにしました。石巻は、映画館が6つもある映画のまちだったんですが、大手のシネコンに押され、残っていた2つの映画館も津波で流されてしまいました。上映会ができそうな広場や建物は資材置き場や避難所になっていて、利用できるコミュニティスペースがまったくない。それで、建物が流されてできた広場の、かろうじて残ったビルの白い壁に映してみたら、大手のシネコンではおそらく提供できない興奮というか、面白さを演出することができました。多分、行政ではできない試みですね。すぐ隣に、45度の角度で崩れている建物があるわけですから。だからボランティアの協力を得て、みんなで人の鎖をつくって、子どもたちが危険なエリアに入らないよう、見守ったんです。

来場者は、最初は10人～20人くらいでしたが、「ドラえもん」を上映した時は、子どもたちが200人以上集まりました。メンバーを通じてベルギーの学生たちが支援に駆け付けてくれて、前のほうでは子どもたちがドラえもんの最新作を楽しむ。後ろではベルギーの学生たちがベルギーのポテト料理とビールを持ち寄ってくれて、ベルギーカフェを展開するという。45度の角度で傾いている建物がすぐ隣にあるような場で、パラダイスというかユートピアみたいな状況をつくることができました。テレビで報道はされていないと思いますが、これも2011年の夏、一つの被災地の姿です。以来、継続的なプロジェクトに発展しました。

もう一つ紹介したいのは、先ほども話に出した「まちの本棚」ですね。資金を集めて、場を借りるのは僕たちがやっていますが、企画や運営、店番をしてくれているのは、まちの人たちなんです。本好きな元学校の先生、歯医者さん、主婦、そういった方たちによって運営されています。

他にも、石巻って、地元の高校生にとって進路や、働き方が見えにくいんです。市内で就職しようとすると、就職先は高校の進路相談課・就職課にある張り紙がすべてなんですね。週休何日か、月給や時給はいくらか、社会保険に入っているか。そういった条件で選ぶしかない。それって本当に楽しい仕事の選び方なのかと。仕事の楽しさは石巻にだってあるはずだと考えて、実際に面白い取り組みをしている地域の工場経営者、商店の方に来てもらって、仕事の面白さを高校生、あるいは子どもたちに話してもらうワークショップを開催したりもしました。

後藤：素晴らしいです。さまざまな世代のための場をつくることを通して、さらに新たな状況をつくられている。

もっともらしい言葉よりも、いかにみんなで手を動かすか

松村：それと、江戸との交易で、東京にお米を船に積んで行った帰りに呉服や瀬戸物を積んで帰ってきた結果、呉服屋さんや瀬戸物屋さん、履物屋さんが多いんです。これもまちの一つの価値だと考えて、市内に残っている7つの呉服店と連携し、浴衣を着ることを条件にしたいわゆる「街コン」を開催しました。ちなみに、

この「街コン」はカップルの成約率が高くて、今年は、参加15組のうち6組という結果でした。まさに浴衣マジックですね。

こんなふうに、いろいろと面白い事をやってきたんですが、その結果、地元との距離が開いてしまったという側面もあります。何をやっているのかよくわからない、若い人が集まってるだけ、という見方もされていて。そこで今年は、地元の人や年配の人、彼らにどう参加していただける状況をつくるかを考えました。

先ほど例に挙げた「STAND UP WEEK」は、100年近く続いている川開き祭りに合わせて開催しているのですが、川開き祭りのメインイベントの花火には、2日間で10万人以上が集まります。他にもこの祭りでは、手づくりの素朴な七夕飾りを商店街に飾っていたんですね。震災の前年までは開催されていました。仙台に比べたらごく小さな規模すが、地元の人にとっては大事な行事だった。震災の復興活動で忙しくて、担い手もいなくなっていました。

準備に1ヶ月以上かけて吹き流しなどの飾りをつくるので、祭りがなくなってほっとしたという声も聞こえていました。ただでさえ稼げない、従業員も跡継ぎもいないという状況で、無理して必死につくってきた。その一方で、祭りがなくなってすごく寂しい、自分たちの誇りがなくなってしまったという声も聞こえていました。じゃあ「STAND UP WEEK」という企画を活かして、よそ者を巻き込みながら、この七夕飾りを単に復活させるだけではなく、商店に負担をかけずに、もっと外に開いていくと、今まであまり参加してくれなかった地域の学校や年配の方も参加してくれるんじゃないかと考えました。

そこで、石巻のお母さんを東京の企業に〝七夕の先生〟として派遣して、社員が楽しみながらワークショップで吹き流し飾りをつくったり、自分たちがつくった飾りを見にきてくださいねと東京から観光客を連れて来たり、今まで商店だけで完結していたところを、地元の小学校や幼稚園といった子どもたちに、教育の一環としてつくってもらうという試みをしました。

先ほども話に出てきた「IRORI石巻」というスペースで毎週金曜日、全7回くらいワークショップをしたんですが、各回、平均40人くらいが集まりました。地元の方、沿岸部の年配の方、震災を契機に移住してきた若い人。ここで気づいたのは、言葉のマジックでもっともらしい机上の空論を話すよりも、いかに共に手を動かすか。一緒に作業することの強さだったんです。

ワークショップでは、子どもたちに紙花をつくってもらいました。薄い紙を5枚重ねて、それを山折谷折りにして、閉じて開いて端っこを切って、ぺらぺらと一枚一枚めくって花をつくるという作業。一つの吹き流し飾りに、この花が400個も必要なんですね。吹き流しは24竿なので、24×400で花を9，600個。会話をしながら、みんなでつくりました。

その結果、4年ぶりに七夕飾りの景色を復活させることができたんです。竹竿をみんなで一気に立てた時は感動しました。これまで若い人が勝手にやっていると思われていた活動が、地域に通じた感触を得ました。こいつらがこれをつくってくれた、あるいは自分たちも一緒に七夕飾りの景色を復活させたんだという、体験として共有できた気がします。

後藤：地元の子どもたちやよそ者も上手く巻き込んでみんなで一緒に手を動かす、いろいろな人にとって祭りが自分ごとになって広がったんですね。状況の広げ方が素晴らしいですね。

「ISHINOMAKI 2.0」活動当初

「IRORI 石巻」さまざまな立場の人がフラットに集い、つながり、触発し合う拠点

「STAND UP WEEK」の野外映画祭

2018

2018/06/15@gift_lab GARAGE ｜ 荒井優（東日本大震災復興支援財団 専務理事／札幌新陽高等学校 校長）

「外から人が来る」という復興のかたち

後藤：それでは、荒井さんの自己紹介からお願いできますでしょうか。

荒井：荒井と申します。現在は札幌新陽高校の校長をしています。3年前はIT企業に勤めていて、その時に東北復興支援財団をつくり、専務理事をしていました。出資額は100億円だったんですが、この復興って一体何なのかと考えるととても難しくて、悩みながら運営していたんです。

そうした中でこの越後妻有に出会いました。新潟県中越地震（2004年）の震源地に近かったこともあって、復興に苦労されていました。震災の前年に大地の芸術祭の第2回（2003年）が、翌々年に第3回（2006年）が行われていた。

これは聞いた話しですが、最初の「大地の芸術祭」（2000年）ではアーティストと地元の人たちが分離してしまっている状況で、アーティストが勝手におらが村を荒らしていったという空気感があったそうですが、震災以降、こうした機会にちゃんと向き合わないとこの地域はダメになってしまうと、地元の人たちの思いが変わってきた。若くても65歳以上という限界集落も少なくないエリアですから。芸術祭で外から人が来て、それによって移住定住が進んでいくかもしれない、そういう意味で、これも一つの復興のかたちかもしれないと、注目するようになったんだそうです。

そして、子どもと一緒に芸術祭へ足を運ぶうちに、都会で育ってきた子どもが地元のおじいさん、おばあさんに可愛がってもらう経験ができて、家族で越後妻有にしょっちゅう行くようになっていたんです。そのう

ゲスト：荒井優（東日本大震災復興支援財団 専務理事／札幌新陽高等学校 校長）
聞き手：後藤寿和、池田史子（「gift_lab GARAGE」「山ノ家」主宰）

ちに芸術祭の総合ディレクターの北川フラムさんから、次の芸術祭（第6回・2015年）で、「奴奈川キャンパス」を使って何か企画をしてほしいとお声掛けをいただきました。

奴奈川小学校って、築30年くらいだったんですね。この地域は、冬になると雪が4～5mほど積もるので、教室は二階にあって、三階に体育館。船が上に乗っかっているような外観をしているんです。開校当時は斬新な学校だったと思うんですが、廃校にせざるを得なかった。

その廃校を芸術祭の運営メンバーが施設管理、運営をすることになって、フラムさんから、国語、算数、理科、社会、英語のような主要5教科ではなく、美術、体育、音楽、家庭科といった科目をメインにした学校をコンセプトにリノベーションをしようというアイデアがあって、そうして始まったのが「奴奈川キャンパス」です。

「山ノ家」のふたりと荒井さんで、家庭科をやってほしいと言われました。でもそれは、料理やお裁縫といった狭義の家庭科ではなくて、例えばアメリカでは、家庭科で学ぶ範囲はもっと生活の全般にわたっていて、ホームエコノミクス＝家庭の経済、つまりローンの組み方まで教えている。そうした、生きていく上で必要なことを内包する学科として家庭科を再定義をしてみようと考えたのです。

新しいカルチャーは、カフェから生まれる

池田：「大地の芸術祭」としては15年目の年でしたね。

荒井：そう。世界でも有数のトリエンナーレをこの越後妻有という里山でやっているという意味では随一で、開催期間中の約2ヶ月間で延べ50万人が来場するという規模になった。だから期間中はとても混雑していて、この芸術祭の醍醐味や、本来の良さが伝わらないかもしれないと思っていたんです。限りある時間で、芸術祭の作品を駆け足で巡って終わってしまう。もっとゆったりとした里山の時間を過ごすことが大事なんじゃ

「地域カフェのつくり方」連続トークの第一回目の様子（2015年）

ないかと感じていて。

池田：確かに、そうですね。

荒井：人が集まって、「どうして今日、ここに来ているんですか？」みたいな会話から人がつながって、「じゃあ一緒に観に行きませんか」と発展したり、その後のご縁もできていく、そんな出会いがあってもいいんじゃないかと。そういう、みんなが集まれる場所がつくれるといいねと。その集まる場所って、じつは地域のカフェみたいな場所だし、ふたりはもともと芸術祭とは関連なく、自発的にそういう場所である「山ノ家」を運営していた訳だけど、そういった部分が大事なんじゃないか。つまり、人が集まって談話的にコミュニケーションをすることは、それ自体が大きな芸術作品なんじゃないかと考えたんです。そうした背景から、「地域カフェのつくりかた」をテーマにしたトークイベントが始まった。

後藤：そう。カフェという当たり前のように出回っている言葉が、実際どういうものなのか、しかもそれが「地域」とつながるとどんなことが起こるのかを、「山ノ家」という場所をつくったことで気づいたこともあるし、誰かと話すことで見えてくることもあるかなと。そうした対話の場がつくれたら面白いなって。

池田：カフェって、ご飯を食べたりお茶を飲んだりっていう機能の他に、20世紀初頭から対話の場、討論の場として存在していましたよね。「哲学カフェ」とか、人が語り合う場をカフェと称することも多々あって、そこから新しい芸術だったり哲学、科学が生まれてくる。

後藤：それと、空間としての場所があることも大事かなと。カフェって誰でも入っていい場所として設定されているので、人が行き交いやすい場所になり得るんじゃないかなと。空間デザインの延長でカフェをやってみたらどうなるかということにも興味があった。

荒井：カフェの起源をたどってみると、17世紀くらいに、イギリスやイタリアにコーヒーハウスができるんですね。コーヒーハウスとはコーヒーを提供する場なんですが、基本的に男性の社交場という側面があって、イギリスの場合、そこから保険会社や新聞、雑誌が創刊されていく、つまり新しいカルチャーが生まれる場でした。400年くらい前から、みんな同じようなことを望んでいたんだなって感じがしますよね。

池田：そうですね。これまでも芸術祭やデザインフェスティバルに関わる仕事をしてきましたが、地域の巻き込み方は、そのプロジェクトによって違うと思いつつも、ふと振り返ってみると、必ずこういう場をつくってきたんですね。「大地の芸術祭」でもやっぱり「奴奈川キャンパス」でカフェをやることに。

松村豪太さんとの対話でも出てきましたが、震災後に復興をしようという時にも、カフェのような場に人が集まって、何かが変わっていくきっかけになっていたんですよね。

人が集まり、コミュニティが生まれる場所

荒井：自分の家や、愛する家族を津波で失ってしまったりして、なぜ自分じゃなかったのかと不条理を抱える訳ですよね。子どもも孫も、妻もおばあちゃんも、みんな亡くなった。土地も車もなくなったし、もう仮設住宅しかない。自分じゃなくて孫が生きていてくれたらと思って毎日を過ごしているおじいちゃんがいたり、震災孤児になってしまった高校生がいたりする。そういう経験をした人たちが、立ち直ろうと思う瞬間がある。生き残ったのは何か意味があると。

その時に力になれるのは、お金じゃないんです。お金がいくらあっても、その人たちの力にはなれない。もちろん人それぞれですが、例えば家と仕事場とか、家と学校とか、二カ所しか往復しない人よりも、行く場所が多い人のほうが立ち上がるのも早い気がしたんです。その距離が遠ければ遠いほど、人は立ち上がるきっかけを見つけることができるんじゃないかと。

人が集まる場所ってすごく大事だなとも思いました。震災直後に避難所となった体育館は、じつはコミュニ

オープンしたばかりの奴奈川キャンパス内「GAKUSYOKU」（2015年）

ティそのものなんです。そこで寝るだけではなくて、話し合ったりもできる。ところが仮設住宅に移ると、みんなそれぞれのセルに入って、出てこなくなってしまう。多くのNPO法人が、どうしたら出て来てくれるかと知恵を絞るんです。いろいろな宿泊施設に公民館をつくって、お茶会をやったり身体を動かすワークショップを開催して。みんなが集まる拠点は、非常時だけではなくて、日頃から大事ですよね。

公民館って、今は若い人たちが寄り付かない印象があるけど、終戦直後に文部科学省の課長が焼け野原になった東京を見て、民主主義を学ぶ学校が必要だと提案してつくったのが公民館なんです。

池田：それが「公民館」の由来なんですね。

荒井：そう。学校とは別に、民主主義の学校をつくろうと。公民館は寝泊まりもしていいし、みんなでお酒を飲んでもいいし、昔は結婚式やお葬式にも使われたり、まさに地域のコミュニティが形成される場所として機能していた。東南アジアでは、公民館がどんどん建設されて、農業技術など、地域の人が何かを学ぶ場所として発達してきた。つまり、公民館って本来はコミュニティの、カフェ的な要素があったんです。

池田：確かにそうかもしれない。特に地域社会にとっては、公民館ってカフェですよね。家から何かしらを持ち寄って、みんなでお茶を飲む場所。

荒井：そうそう。それがカフェ的な要素だし、今で言うところの交流。

池田：「奴奈川キャンパス」でやらせていただいたカフェ「GAKUSYOKU」の風景で一番嬉しかったのは、地域のおじいちゃんとかおばあちゃんが結構来てくださって、廃校になってしまったけど、またこうして足を運べる場所になったとすごく喜んでいたことなんです。青年会の方も溜まり場のように使ってくれたり、卒業生が来てくれたり。こんなふうに使ってくれて本当にありがとうって。

「学び」を携えて、100年を生きる

荒井：今、「人生100年時代」と言われていますよね。ちょっと校長っぽい話になりますが、頭の中に長方形をイメージしてもらって、横軸は100年、縦軸は24時間。この100年×24時間が、僕らの生きる時間。その中で6歳から22歳のいわゆる学生は、朝9時くらいから16時くらいまで学校で学んでいて、その小さな四角ができると思うんですけど、考えてみると、100年×24時間の中で、ごく小さな四角分しか学校教育を受けていない訳です。

一方で、僕らは大人になっても学び続ける。仕事でも学んでいるし、カフェをやりたい、ゲストハウスをやりたい人だって学んでいる。学校教育とは別に、生涯教育や社会教育という言葉がありますが、じつはこっちのほうが大事なんじゃないかと。今日だって、この対話を聞こうというのは非常に前向きな学びですよね。文科省も生涯教育、社会教育が大事だと言っているけれど、学校教育は無償化しても、そこにはなかなか予算がつかない。

本当に大事なのは、学び方とか、学ぶエンジンを身につけることですよね。学ぶエンジンを身につけて、100年を生きていく。途中で仕事を変えるとか、いろいろな変化も経験しながら、別の生き方を学んでいくことがすごく大事になってくる。

そうしたことを考えると、「奴奈川キャンパス」のような、元々学校教育だった場が、生涯教育や社会教育の場として再び地域の人たちが集まる、こういう場所がこれから必要になってくるのだろうと思います。

コラム ― 「treasured trash ＝ タカラモノニナッタゴミ」視点の変換／価値の転換

文　池田 史子

初めてこのタイトルでデザイン企画展を企てたのはIDÉE（イデー）在籍時の1998年。このテキストを書いている現在（2020年）の20年以上前のことになる。副題は「視点を変えたらコウナッタ」。昨日までゴミ＝不要物・無価値だと思っていた存在を、まったく違う視点で見つめ直すことで新たな価値あるものへと変換することがテーマだった。当時集まった作品群は狭義の意味でのいわゆるリサイクルアートで、世田谷にあったIDÉEのデザインチームの拠点を展示会場とした小規模のものであったが、今では著名なデザイナーやクリエイターとして活躍する若き才能が奇跡のように集って、一つのテーマを共有して多様な視点とアプローチで新たな価値を生み出してくれた、まさにタカラモノのようなプロジェクト（※1）だった。

約10年後の2006年、gift_として独立した翌年に、2回目を迎えた「DESIGNTIDE」のオフィシャル企画展として、"treasured trash"を再びやらせていただいた。資源ゴミの分別など今は当たり前のエコ作法が一般化する前夜のタイミングで、参加クリエイターはファインアートや映像の作家からプロダクトやグラフィックのデザイナー、広告ディレクターまで多岐に渡り、集まった作品も圧倒的なゴミ・アートオブジェからすぐに使えるスタイリッシュかつ実用的なデザインプロダクト、エコロジーな課題を可視化したピクトグラムまで、国内外から多岐多様に及び圧巻の風景であったと思う。翌年、アートオブジェクトと短編映像作品に絞ってキュレーションされた展示と、文具メーカーと実際にエコ素材でデザインプロダクトを試作したデザイン展示の二本柱でエキシビションをした後、日本国内、シンガポールや台湾などのアジアの都市のデザインイベントからのオファーで巡回展を開催した。その際、"treasured trash"の発想の重要な原点の一つであるdroogのメンバーや、アジアの若手クリエイターたちと交流できたのはとても嬉しい思い出だ。機会を与えて頂いた「DESIGNTIDE」はもちろんのこと、この第二次"treasured trash"のスタートを後押ししてくださったASYL、Think the Earth projectチームにも感謝しかない。

20世紀の終わりに、心と頭にストンと落ちて来た言葉をテーマに企画展をキュレーションしていた頃に比して、この21世紀ゼロ年代後半に再燃したプロジェクトは、J-WAVEやタワーレコードなどのカルチャーな媒体に取り上げていただいたり、イオンのレイクタウンでの各広場に設置されたビッグサイズのエコアート群のオファーに至るまで、ずいぶんと市民権を得た活動になった。2000年代も20年代に突入した現在、この頃にさまざまなジャンルのクリエイターたちと発信していたエコロジーを日常に取り込む提案は、今やほとんどスタンダードな習慣になった気がする。この頃にプロダクトデザイナーと協働した、ペットボトル分別用の資源ポストのプロトタイプモデルは今、「山ノ家」の入口に佇み、アイコン的存在として余生を送っている。そして、20世紀後半に加速度的に過疎化の進んだ「地方」や「田園」や「第一次産業」に、若いジェネレーションが次世代の可能性や価値を見い出しつつあるのは心強い。

自分たちにとって「山ノ家」も「ダブルローカル」も、やはり"treasured trash"であることに違いない。

さて、次は何が資源化されていくのだろうか。

※1　この企画展は、次世代の価値観を探るべく、全5回それぞれのテーマで開催された。（"treasured trash"はその中の企画の一つ）

"INFECTION"（1994）：インターネット普及前夜にぼんやりとSNS時代のような世界を思い描いていたのかもしれない

"SUPER MARKET"（1996）：当時はハイブランド全盛期。現在これほどいわゆるファストデザイン・流通が主流になる時代が来るとは

"AT WORK"（1997）：次世代の働く環境への考察

"treasured trash"（1998）

"HOMELESS"（1999）：定住しない暮らしかたを想定した状況下における「家」を構成する要素についての考察。このあたりの思考は同年にスタートしたIDÉEの新プロジェクト"SPUTNIK"に合流していった気がしている。こうした社内ベンチャーとでも言うべき企画を大らかに容認して前向きにサポートしてくださった当時のIDÉEは、自分たちにとってすべての原点というべき「場」であり「状況」であった。

"treasured trash"の「logos」
その人それぞれに多様なアプローチがあっていい

現在は山ノ家のアイコン的存在となっている
ペットボトル分別用の「資源ポスト」

2015

2015/09/06@GAKUSYOKU｜馬場正尊（建築家／Open A代表／東京R不動産 ディレクター／東北芸術工科大学 准教授）

地域カフェのつくりかた「場所」に出会う、「場」をつくる

原体験の一つは、まちがアートとデザインの実験によって変わったこと

後藤：今回は、おそらくお声掛けしたゲストの中で最も付き合いが長い、馬場正尊さんです。まずは自己紹介をお願いできますでしょうか？

馬場：馬場正尊といいます。今ベースとなる場所は東京の神田で、Open Aという設計事務所をやっています。中心は建築設計、特にリノベーションとか古い建物の再生が多いです。同時に、「東京R不動産」という東京中のちょっと変わった不動産物件を仲介するサイトを12年前（2003年）からやっています。

現在は、山形にある東北芸術工科大学で准教授（※1）をしながら東京と山形を行ったり来たり。あと、僕の出身地の佐賀県では、焼き物で有名な伊万里市とか佐賀市の街なか再生計画に取り組んでいるので、佐賀にも常駐スタッフがいて、京都や大阪で団地再生プロジェクトが進んでいるため、京都にも一人半常駐スタッフがいて。日本中をぐるぐると回りながら生活をしています。

ふたりとはもう、知り合ってから十数年は経っていますよね。僕はちょっとずつふたりの変化を見てきたような気がするから、今日はふたりのことも僕がインタビューして紐解きたいという気分になっています。

後藤：ありがとうございます。馬場さんと知り合ったきっかけは、前職の頃になりますね。私たちは、ライフスタイルという言葉がまだなかった頃からそうした哲学を実践していたIDÉE（イデー）という会社にいました。そこでは単にモノとして家具や空間をつくることだけではなく、「状況」や「場」をつくることをやっ

ゲスト：馬場正尊（建築家／Open A 代表／東京R不動産ディレクター／東北芸術工科大学 准教授）
聞き手：後藤寿和、池田史子（「gift_lab GARAGE」「山ノ家」主宰）

※1 2015年時の役職で、現在は教授となっている。

ていたんですが、そうした思想の延長で立ち上がったのが「Rプロジェクト」でした。いろいろなものごとを「再び〜する＝Re-」、つまり、従来とは違った視点で捉え直して新たな価値を共につくることを一つのケーススタディとする、そういう投げかけをもとに集まった人の一人が馬場さんでした。

その頃、馬場さんは編集者として参加されていましたね。その当時、IDÉEという会社は「TDB（東京デザイナーズブロック）」という、まち自体をデザインのミュージアムにしてしまうイベントをやっていました（2000〜2004年）。そして先ほどの「Rプロジェクト」にもつながるのですが、バブル崩壊後、東京の東側で、空き家、空きビルが増えてきたことに対してできることはないかと、東側でも「TDB（東京デザイナーズブロック）」みたいなことをやろうと始まったのが「CET（セントラル・イースト・トーキョー）」。東側といっても、中央区から千代田区あたりだからセントラル・イースト。馬場さんとご一緒させていただいたのは、このCETでした。私たちも馬場さんたちと一緒にディレクターとして関わらせていただくことになって。このCETというイベントで僕らが体感したことは本当に大きかったですね。

まずは、東京の東側、神田や日本橋の裏手とか馬喰町のような問屋街を歩いていろいろな物件を見たのですが、確かに使われていない場所があるなと。でもそうしてまちを見ていく中で、青山や原宿にあるような、きれいに建て替えられた新しいビルではなくて、手つかずの状態で残っている古い建物のほうがかえって面白く、すごく惹かれるものがあった。

あまり人の気配がしないようなまちで、2003年から2010年まで毎年一週間くらい、空き家や空きビルを使ってCETを続けているうちに、家賃が安いからとアーティストやデザイナーが会場になった空き室をアトリエにするために移り住み始めた。馬場さんは、いち早くそのエリアにオフィスを構えたんですよね。Open Aの事務所を移したのはいつぐらいですか？

馬場：2002年。

後藤：CETが始まる一年前にもう移っていたんですね。まだみんな、まちがどうなるか分からなかった頃に。開催する度に少しずつ会場になった空き物件を借りる人が増えていったんですよね。アーティストがアトリエを構えたり、建築家が設計事務所を構えたり、新しい場所を探していたギャラリストの方が移ってきたり。そういうクリエイティブな人たちが増えてくると、今度はあの界隈が面白そうという感じで、若い人たちが入ってきてカフェやショップができたりして、まちが確かに変わっていった。

そうやってまちが変わっていくプロセスを目の当たりにしたことが一番強烈な記憶として残っていて。全面的に企業が入ってスクラップ&ビルド的な都市計画をしなくても、むしろ自発的にまちが面白く変わっていくのを目撃したことが、「山ノ家」を始めたこと、今やりたいこと、やろうとしていることにつながっているような気がしています。

東京は、乗換駅みたいなもの

馬場：ふたりに久しぶりに会って話してみたいと思ったのは、場所を持つことの意味というのが一つ。もう一つは、都会と田舎の交歓というテーマについても話してみたい、聞いてみたい。

なぜかというと、ふたりは3年前に「山ノ家」というカフェ&ドミトリーをある日突然つくったんですよね。僕からすると衝撃だったわけです。IDÉEという会社にいて、都会的なデザインを知るふたりだった訳ですよ、そのふたりが地方にカフェ&ドミトリーを突然つくってしまう。

正直、「無理だよね」と最初は思いました。そして、行ったり来たりしながら暮らすと言い始めたことに結構驚きました。無理だろうと思っていたけど、ふたりは淡々とそれを続けていて、なおかつかなり幸せそうで。

十数年前、東京のカルチャーの一番新しいエッジの部分を僕らは通過した。東京に増えていく裏通りの空き物件をジャックして、アートイベント化していったじゃないですか。その当時、僕らは新しい根からダイナミズムを体感する最もエッジな場所としてそこに目を付けたんだけれども、3年前に彼らはもはや東京ではなくて、新潟のかなり寂しくなり始めた商店街の空き家に目を付ける訳です。それは、時代の空気を一番に読み取れる人の本能みたいなものなんだろうと。

で、時を同じくして、僕はずっと東京の企業とばかり仕事をしていたんですが、今 Open A という事務所は、先ほど言ったように佐賀、山形、京都・大阪は都会ですけど、地方都市とばかり仕事をしているんです。僕は東京にいる時間がどんどん少なくなっている。多分ふたりより東京にいる時間が少ないんじゃないかと思うくらい、旅人のように仕事地を移動しながら生活しています。スタイルは違うかもしれないけれど、東京と地方都市の時間シェアのバランスは似ている気がするんだよね。

それは意味があるような気がしていて。乱暴な仮説を言うと、これからの20代、30代は、どこかのまちに一つだけ拠点を持つというライフスタイルから、複数の拠点を持ちながら、どちらも故郷のように移動する、そうしたライフスタイルがすごく増えるような気がしているんです。今の常識ではないかもしれないけど、そんな社会がやってこようとしている。

端的に言うと、僕は東北芸術工科大学で7年間教壇に立っていますが、初年度は、みんな東京に就職する空気が流れていた。だけど、例えば昨年、5人のゼミ生のうち、東京に出た卒業生は一人もいなかった。全員、地元就職を試みた。

さらに言うと、Open A に来る地方都市からのインターンや社員も、ずっと東京で働くイメージがない。東京は乗換駅みたいなものなんですよね。でも、だからといってずっと地方に居続けるイメージもない。地方で仕事をして食っていけるかというと、それはちょっと難しい。だから東京では足場をつくり、地元じゃなくてもいいのですが、どこか地方都市にも地盤をつくる。好きな時に適宜都会と地方都市を行ったり来たりして、両方のよさを享受できるような生活をみんなイメージしているんです。確実にそういう時代が到来しているような気がしていて。

おそらくふたりは今、その実験台になっている気がする。僕もある意味、パーマネント・トラベラー（居住地を転々と移動する人）だと思っているけどね。

それでふたりに、両方に拠点があることの意味を含めて、今のふたりのライフスタイルとそれを続けることで見えてきたもの、東京だけだったこれまでの生活と、行ったり来たりする今の生活とのドラスティックな違いを教えてほしいんです。

どうして新潟・松代に拠点を持とうと思ったのか、この3年間で何が起こったのか。その二つをまず教えてもらってもいいですか？

池田：なぜ新潟・松代に来たのかと、この3年間いろいろな方に聞かれてきたのですが、じつは今でも、なんででしょうねと思っているんです（笑）。

馬場さんがおっしゃったように、本能的な直感的なものだろうと思います。この越後妻有エリアは「大地の芸術祭」の舞台になっていて、例えば「山ノ家」の最寄り駅で徒歩5分ほどのまつだい駅の隣に、棚田をバックに草間彌生の野外彫刻があって、オランダの建築家グループMVRDVの建築が建っている。私たちにとって、そうした環境はかなり魅力でした。現代美術や現代建築と呼応している、なのに周囲はまったくの里山というのは面白い状況であると、以前から注目はしていた訳です。

その気になっていたエリアで、元気がなくなってしまった商店街の空き家を何とかしようという動きがあって、手伝いませんかと言われたのがきっかけでした。最初は、どうやってリノベーションしたらいいか、どういうコンテンツをそこでやったらいいのかという、アドバイザーとして呼ばれたと思って来たわけです。ところが話を重ねていくと、どうも私たち自身がここで何かやることを期待している。それで聞いてみると、

「どちらかというとそうです」と。なので、え、そうなんだ、そんな覚悟はしていないぞと思って。

例えば、一昔前にブームだった、早期リタイアで脱サラして地方でペンションをやりたかった訳でも、田園地帯に住みたい訳でも、農業を始めたい訳でもない。実際、さっき馬場さんが驚かれていたけれど、私は里山と呼ばれるような地域に拠点や生業を持ったり、何らかのかたちで農業に携わることは全く想像もつかない生き方とか暮らし方をしてきたんですが、ひょんなことから空き家で何かしらの生業をつくって、と言われた時に、直感的に今後、多拠点とか複数拠点で生活する都市生活者、特にフリーランス的に動ける人たちが増えるだろうなと思ったんです。だから、そういう実験を自分たちがしたらいいのではないかと。

それが上手くいくかどうかも分からなかったし、どうしたらいいかも分からなかったけど、完全移住はないなと。これも直感的にですが、これから新潟と東京を行ったり来たりしてしまうんだろうなと、腑に落ちるところがあって。だったらとりあえず寝るところと食べるところをつくっておけばいいという発想で、二階建ての一軒家の一階をカフェに、二階を宿屋にと考えたんですね。

馬場：「山ノ家」は賃貸物件？

池田：賃貸です。ただ、どちらかというとシェアハウスをつくったような感じですね。現代建築とか現代アートともコミットしているユニークな里山と行き来をしたい都市生活者はきっと潜在的に多いだろうなと思ったし。

そもそも現代建築やアートが棚田と当たり前のように共存してしまっている状況は、単なる里山ではないなと。現在形のカルチャーに対してのリテラシーがあるという勝手な安心感とか期待もあって、実験してみるのもいいんじゃないかと思えたんですね。

だから、都市生活者のための泊まれる、食べれる場所としてつくったんです。みなさんに東京っぽいカフェだねとか、東京っぽいインテリアだねと言われるんですが、普通に自分たちが東京で空き家にカフェをつくってくださいと言われたら、こういうふうにするだろうなというものをつくった訳です。

最初は、地域の人は誰も来てくれないかもしれないと思っていました。カフェのメニューも特に地域の人向けにつくっていないですし。ところがオープンしてみると、過疎的な地域はどこも同じだと思うんですが、まちに人が集まったり、お茶を飲んだりする、ニュートラルなコミュニケーションをする場がないんですね。いわゆる喫茶店もない。だから結局、そういう場になり得てしまったんです。結構かっこつけたつもりが、地元のシニアも普通にコーヒーを飲みに立ち寄ってくれる。もちろん想定していた都市生活者的な層もいらっしゃる訳ですけど。

加えて、もともと私はアーティスト・イン・レジデンスをやってみたかったこともあって、二階のドミトリーの一室は、そのつもりでつくりました。アルゼンチンのアーティストユニットが2週間くらい滞在して、フィールドワークをしながら作品をつくるといったようなことも断続的にあって。すごく嬉しいのは、そうした外から来たアーティストたちと、ネイティブな地元の方たちとの間に、自然に会話が始まったりすること。すごく楽しそうなんですよ。

都市生活者のための地方の拠点をつくったつもりが、結局いろいろなものをつなげる交差点になっているみたいで。都市部のカフェだと、セグメントされるからあり得ない状況ですよね。尖ったものが好きな人はお洒落な場所に集まるし、大衆的なほうがくつろげるという人はそうした場所に集まる。それにまずカフェに子どもが一人で入ってくることなんてないですよね。それが、テレビゲームとか宿題をしに小学生が来ちゃったりする。都市だったら同じ時間と空間を共有するはずのない人たちが集ってしまう。地域で開かれた場所をつくるって、こんなに面白いのかと。

それが今回の「地域カフェをつくる」というテーマにつながってくるわけです。過疎的と言われている地域で開かれた場所をつくることは、交差点をつくるようなことであると。何を交差させるかは、つくる人によって違うと思っていて、私たちはたまたま空間をつくったりとか、場所をコーディネートすることが本業だったので、それをきっかけにスタートしましたけれど。

それぞれの人が、それぞれの分野でいろいろな交差点をつくることができる。都市よりこういう地域のほうが、つくりやすいんです。手応えもあるし、すごく面白い。そうした交差点は都市でないとつくれないと思っていたのですが、ローカルのほうがもっとダイナミックな交差点がつくれちゃうのが大きな発見でしたね。

あと最近、「複眼生活」と自称しているんですが、複数の眼、視点を持てたこと。これまで主に都市的な視点のみで生きてきてしまったわけですが、田園的な視点で東京を見るのと、都市的な視点で東京を見るのと、見え方が違うんです。意外とこんなところに緑があったんだとか。あと、東京にいる時間をより大事にするようになりました。東京にだけいた頃は、行ってみたい場所やイベント等があっても日常の中で埋没していたけれど、東京が「非日常」になると、今行っておかないと機会を逃すという危機感がつのって、貪欲になる。東京在住者でありながらよそ者にもなれる。どちら側の目線からも他方を見れて、面白いですね。他者に対しても、自分に対しても。

「東京」のままの文脈だったからこそ生まれること

馬場：僕はふたりに、日本のちょっと先の新しい生活像をみて、その構造みたいなものを捕まえたいという気持ちに駆られているんですけれど。ポイントかもと思ったのは、新潟・松代に来る時に、下手にその地域性とかを気にし過ぎることなく、自分たちのボキャブラリーである都会的なものをてらいなくそのままストンと持ってきたところに、重要なことがあるような気がしましたね。前からその空き家を知っていた地元の人にしてみたら、何かすごく特別な場所に見えたのではないかと。

僕も東京でいろいろな仕事をしているけれど、全てが予定調和だから、比較的つまらないんです。こういうものをつくってくださいと言われて、それに合わせてものや空間をつくると、びっくりすることは起きないんですね。CETの頃はそれが起きていた。東京の次の面白い場所に引越ししようと東京じゅうを探したけど、どうしても見つからない。それはつまり、東京に新しい発見がほぼないのではないか。東京R不動産でも、面白い場所の面白い物件を探しているけど、いったいどこへ行って探せばいいのかと。それはなぜかというと、さっき言っていたように、予定調和としての空間に、同じセグメントの人しか集まらないからなのかもね。そこに意外な人は行かない。でも「山ノ家」みたいに、全然違う文脈でポンとやって来た瞬間に、違う風景が生まれる。ただの偶然なのか分からないけど、実際にそういうことが起きたんだよね。

僕は地方出身なので、地域コミュニティがどれくらい大変でまあ面倒くさいものであることを体感していて、逃げるように東京にやってきたから、地域コミュニティは重たいと思っている訳ですよ。僕から見ると、失礼ながら、ふたりは決してコミュニケーション能力がすごく高い人たちとは思えないんですよね。そのコミュニケーションが決して得意ではないはずのふたりが、どうやって地域とコミュニケーションをしているのか、その辺を聞きたいのだけど。というのは、僕も地方都市でいろいろな仕事をしているから、カフェとかゲウトハウスをやってしまおうかという誘惑に最近ものすごく駆られていて。

後藤：そもそもなぜ場所をつくることをやっているかというと、東京にいてもそうなんですが、いろいろなところに積極的に出掛けてコミュニケーションを仕掛けていくのは確かに苦手なんです。自分たちでアウェイに行くのが苦手なら、来てもらえばいい。来てもらえるような引力のあるホームをつくるしかないという理由が、僕らの根本にあるかもしれないです。

ふたりで独立して、最初は自宅事務所でスタートしたんですが、当然のことながら全然人が来なくて、何か落ち着かない。やっぱりこれは違うねと、わざわざそこから歩いて数分くらいのところに物件を探して、人がいつでもふらりと寄れるオープンな場所をつくってしまった。デザイン事務所なんだけどイベントスペースにもなる、ギャラリー兼セレクトショップでもあるという、常に開かれている場所。そういう流動的な場所で仕事をしているのが日常。カフェや宿屋を始めてしまった今も、その基本は変わらないです。

池田：それに、自己PRが下手で。せっかく面白いことをやっているんだから、もっとPRしたらいいのにとよく言われるんですが、自分たちから強くPRはできない人たちなんですね。それは地域コミュニティとのコミュニケーションでも同じ。無理してもしょうがないと思ってしまう。自分たちから積極的にコミュニケーションをすることは、ほとんどないです。

ただ、カフェという交差点をつくったので、放っておいてもいろいろな人が立ち寄ってくださる。小学生も、おじいちゃんも、役場の方たちも。自分たちから出ては行かないけど、来るものを拒まずありがたく受けとめているというのが実情ですね。

「山ノ家」を始めたばかりの頃は、生まれ育った場所ではないので右も左も全く分からなかった。ゴミの捨て方も、この過酷な豪雪地帯で雪が降ったらどうなるのかも、除雪のしかたもよく分からなかった。初めて迎えた冬、慣れないへっぴり腰で不器用に除雪をしていると近所のおじさんたちが駆けつけて「それじゃ腰に来ちゃうよ、道具はこう構えて、この角度で全身で押す！」と、手とり足とり教えてくれる。こいつら何も分かってないな、放っておけないよという感じで。こちらからは何も働きかけていないけれど、手を差し出してくださる。交差点だから、いろいろな人が交差しに来てくれる訳ですね。だから自然と巻き込まれていくんです。ありがたいことに。

馬場：このふたりの働く場所のありようを、僕も真似しようかなと今思った。デザイナーの事務所とか、オフィスにしてもアトリエにしても普通、どちらかというと閉じた空間ですよね。だけど、ふたりの事務所はアート雑貨屋みたいな空間で、キャッシャーのあたりで普通に仕事をしていたよね。要するに、ディスプレイされたさまざまな物の中で当たり前のようにプランニングやインテリアデザインの仕事をしていた。

今度もカフェと宿屋ではあるけれども、そこで仕事をしているじゃないですか。何ら閉じたところで仕事をしていないというのが、ある種特徴で。IDÉEのショップや、僕が関わっていたIDÉE RプロジェクトのオフィスもそうI。バーと実務空間がガラス半分くらいあるだけでつながっているんですよ。ふらっと来た客がバーでお酒を飲んでいる真横で、普通に仕事をしている。でもそこで意外と相互にコミュニケーションがあったりとか。ふたりの場所と構造的には全く同じ。

もしかすると、交差点みたいに話を続けることができるのは、働くスペースも物販や飲食のスペースもシームレスだからこそ自然に情報が入ってきたりするのではないかと。コミュニケーションの苦手そうなふたりが、ついコミュニケーションをしてしまう構図に自分たちを置いているんだね。でも、それは新しい場所を運営するときの指標になりそうだと思う。

ちょうど今、僕も新しい事務所をつくろうかなと思っていて。普通だったら下にカフェ、上に事務所と分離させると思いますが、いっそカフェと事務所を地続きにしてみようかな。でも、いろいろな人がワイガヤガヤやってきて、仕事に差し障りはない？

池田：特に気にならないですね。むしろそういう状態が自分たちにとってスタンダード。その状況の一部分として自分が存在している。コミュニケーションが必要になれば、きちんと向き合って対応するという感じ。

馬場：そういうものだと思えるからいいのか。限定されたコミュニケーションのほうが、おそらく濃度もあるしね。

池田：そうですね。例えば、「山ノ家」にカフェとしてふらりと入って来たお客さんと、予約して泊まりに来たお客さんとの間に自然と有機的な掛け算、コミュニケーションやコラボレーションが生まれたりする。そういう時、自分が実験室の研究員であるかのような気分になります。迎えるホストとして主体にもなるんだけど、客体というか状況そのものにもなれていて面白いんですよね。自分自身が場と共に、何かが起きる器になっている感じ。人と人をつなぐメディウムというか、培養土みたいになっていて。

ラッキーだったと思うのは、地域で生まれ育った、地域活性化のリーダー的な地元の方がいて、「大地の芸術祭」の現場を支えているNPO法人の代表理事でもあるのですが、ご本人は現代アートは全然分からないと言いながらもすごく直感というか、次に必要になる物事への感受性が高い。そして自分が分かるかたちでまちの活性化に多面的に取り組んでいて、そのうちの一つが「山ノ家」となった空き家だったんです。

商店街の空き店舗を雪国の伝統的な古民家のスタイルに外観を再生していこうと、地元在住のドイツ人の建築家と十日町市が立ち上げた景観計画の対象となったこの空き店舗は、20年くらい使われていなかった。何の営みもしていないのに外観だけ整えても、何も起こらない。何も変わらない。ではその営みをどうつくるかということで、むしろ地縁のないよそ者を呼んで、自由な発想で何かをしてもらったら起爆剤になれるんじゃないかと。そういう直感を持ってくれた人が、地域との通訳になってくれた訳です。地域の一員でありリーダーシップを取っている一人でもある方が、この人たちを応援してくれと地域の人とつないでくださったのが、とても大きかったと思っています。

多拠点を移動するときネックになるもの

馬場：今ふたりは、どのくらいのタームで東京と新潟を行き来しているの？どっちにどのくらいいるのか、リアルなライフスタイルを聞いてみたい。あとは、移動のための交通費についてどう思っているかを聞いてみたい。

池田：これもラッキーだったんです。十日町市は、田植えから稲刈りが終わるまでの半年間、週末に東京＝十日町間の無料シャトルバス（※2）を走らせているんです。

馬場：え！何それ。

池田：2週間に1回くらいですけどね。でも十分なんですよそれで。

馬場：それは何のために？どうして無料なの？

※2　2019年現在、往復2，000円に（それでも破格の料金です）。

池田：十日町には日本有数の美しい棚田が広がっているけれども、過疎化で休耕田が増えているんです。なんとか耕し直そうと姉妹都市の東京都世田谷区の有志の方たちが、10年以上も通って田んぼの世話をしていたんですね。これだけ僕たちの棚田のことを心配して、こんなに耕してくれているのに高い交通費を負担させて申し訳ないと、地域活性化リーダーの仲間たちが十日町市に直訴したんだそうです。そうしたら、隔週で週末に往復の高速バスを走らせましょうと。土曜日の朝に東京を出て、日曜の夜に東京に戻ってくるという一泊二日でも使えるし、2週間くらい滞在して何らかの活動をしようという私たちのような半移住民たちにとってても使いやすいんです（※3）。

馬場：十日町に行って、2週間仕事して東京に帰ってくるという。

池田：それがすごく大きかったですね。私たちは時間をかけて計画してきたわけではなく、降って湧いたような事態をそのまま受けとめて、「山ノ家」の活動を資金ゼロで始めてしまったので。だからとりあえず、最低限の資金を地元の金融機関に借りたんですが、立ち上げのコストを抑えるために、建築や美術を学んでいる、もしくは将来的にカフェやゲストハウスをやりたいと思っている若い人たちを東京から呼んで、極力セルフリノベーションをしたんです。地元の工務店に発注はするけど、その作業スタッフとして自分たちが入ることで、工事費をなるべく安くしてもらって。その人たちの移動手段としてこのバスがあったからこそ、2週間タームでサポートに入ってもらうことが可能になったんです。

馬場：今、ふたりの役割分担みたいなものはある？

池田：主として私が「山ノ家」担当。もともとおもてなしを考えたりするのが好きな人間だったので、基本的にカフェやドミトリーもお女将さんとしてやっています。だから月の半分は新潟にいます。後藤はどちらかというと、イベントとか何か大きなうねりがあるときに手伝いに来てくれる感じですね。

馬場：池田さんがいない間はどうしているの？

※3　2019年現在、片道だけの利用は不可となっているため、次の便で戻る場合、往路と復路でそれぞれ2,000円掛かる（それでもやはり破格の料金です）。

池田：ついこの春まで、私と同じような動きをしてくれる人がもう一人いて、私が新潟にいる時は東京の事務所で仕事をして、私が東京にいる時は新潟にいてくれるという感じでした。（※４）企画制作の仕事もできるし、人をもてなす仕事も楽しんでくれる。「山ノ家」の立ち上げも一緒にやってくれたんです。

馬場：日本の交通費は高いですよね。今や、５，０００円以下でLCC（格安国際航空）が飛んでいる時代なのに、東京と大阪を往復するだけで約3万円も掛かる。それが日本の国力を低下させている一因だから、なんとか打開すべきだと思うんだよね。自治体がその辺をカバーする施策を考えて、日本中の地方間を、ほぼ無料で往復できたらいいよね。２週間おきでもいいから。

池田：その2週間の滞在で、交流人口ができる。都市圏と地方を結ぶリーズナブルな交通手段をもっとつくってもらいたくて。都市に偏ってしまった人口をどう戻すかって、交流人口や関係人口を増やすとか、人口を流動化させる、それしかないと思うんです。その課題となっているのは交通コストですよね。何とかうまく、誰も損をしないかたちにするには、自治体の力しかないのではと思っていて。移動経費の概念を変えていく、交通を改革していくのは行政なんじゃないかと。

馬場：2週間単位だと、普通のサラリーマンには難しいかもしれないけど、でもあり得るよね。今、OpenAでも佐賀で進行中のプロジェクトがあって、東京と九州の交通費に悩むんだけど、もし自治体が2週間に一度なら空席の多い便の往復の値引きをしてくれたら、使うなと思った。うちのスタッフは2週間東京、2週間佐賀みたい動きだから、行き来をするのは成り立つ。それはもしかしたら、新しい生き方とか働き方なのかもしれない。以前から言っているけど、自分たちのやっていることをちゃんと外に向けて説明していく必要があるよ、ふたりは。未来の日本人をやっている訳ですよ。

池田：自分たちが主語だとなかなか書けないから、取材していただくしかない（笑）。IDÉEから独立して今年（２０１５年）でちょうど10年目。独立した年に馬場さんたちとCETに関わって、価値観ががらりと変わって。その頃、環境問題×クリエイティブということに深く取り組んだり（※５）。海外で展覧会もしましたが、

※４ この対話が行なわれた、「山ノ家」が始動して3年目の２０１５年当時と現在では、関わり方も変化している。当初考えていたよりも、移動のタームや手伝ってくれる人のあり方は流動的、可変的。

その活動で出会った人たちに、この次はどこに向うの？って聞かれて、ローカル！ってざっくりと口走っていたらしいんです。自分ではまったく無自覚に。

結果的に、こうしてローカルな土地に場所をつくってしまった訳ですね。とはいえ、環境問題やローカル、いわゆるソーシャルクリエイティブを目指してやった訳ではなくて、結果としてそうだった、そういう見方もできるというアプローチだっただけで。でもこの10年、自分たちにとっても興味深かった。次の10年、今後どんなことをやっていくのかなって、自分たち自身が楽しみです。

馬場：こうやって聞いていくと、どうしてもポジティブことばかりになってしまうんですよね。困難だったことや大変なこと、これ何とかなんないの？みたいなことはある？

池田：体力かな。多拠点生活のポイントは、一に体力、二に体力、三に体力。というのは、どっちもオンだから気が抜けない。従来の別荘ライフだと、東京で仕事をして週末にリゾート地でちょっとリトリートする感じだと思うのですが、「ダブルローカル」はどっちも現場、どっちもオンなんです。それぞれで自分の中の全然違う細胞を使っているので精神的な疲れはあまり感じないんですが、体力がないと難しいのかなと思います。

普通に考えると、多拠点でどれもオンだとすごく疲れますよね。だから、上手にオフをつくっていかないと。私は休みを取るのが下手で、結局常にフル回転してしまうので、それが一番ネックかな。負担を上手に取っていく、無理してでも休むことを、多拠点生活を考えている人、している人は心掛けたほうがいいかなと思います。

馬場：後藤くんは？

後藤：今はどちらかというと、彼女の本拠地は新潟の「山ノ家」で、僕はまだ東京という感じ。だから新潟

※5 treasured trash のこと。

にしばらくいると、東京でのあれこれが途切れちゃう。それをチームでどうつなげるかが今の課題かなと。全部仕事を持って来るわけにいかないし。

馬場：新潟にいる時、仕事の人とはどうコミュニケーションをしている？

後藤：顔を合わせてのコミュニケーションは基本、オンラインで。東京でも毎日会えるわけではないので。

馬場：僕も、東京にいても自分の部屋に完全にこもる時もある。シャットダウンして集中して原稿を書いたり、絶対思いつかなきゃいけないアイデアを考えたり。そこが何というかオフでもあるよね。コミュニケーションをたくさんしていると、集中して作業している時間がオフになる感覚があって。要するに、自分と向き合う瞬間が癒し。その癒す、向き合う瞬間をつくらなきゃいけないっていうのはある。

繰り返すと、ポイントだろうなと思うことの一つは、異物のまま、東京のままこっちに来たこと。地元に無理に馴染もうとせず、でも放っておけないと思われたというところ。下心がある訳でも、新しい人生を切り開こうと思った訳でもない。なんか面白そうだから来た。異物のまま存在し続けられているというのは、結構重要ですね。

もう一つのポイントは、翻訳してくれるおじさんが地元にいたことだよね。完全に異物のままだったら変な人たちだったかもしれないけど、あのふたりは怪しくないって翻訳してくれる人がいた。その一人がいるかいないかは大違いで、そういう存在と出会うことができた。

それと、仕事をしている空間が内部化されていない。常に開かれてる。それもじつは大切だったんだろうと。交通費のこともあるかもしれないけど、2週間で行き来する事で、どっちかがアウェイでどっちかがホームという構造にしなかった。

今日は、場所をつくることによって何が起こるのか、それに対する一つのヒントが見えて、楽しかったですね。地方と都市の関係、その未来性があったのではないかと思います。

後藤：ありがとうございました。

2018年、gift_lab GARAGEにて。馬場さんとの対話風景

2018

2018/05/25@gift_lab GARAGE｜馬場正尊（建築家／Open A代表／東京R不動産 ディレクター／東北芸術工科大学 教授）

無理はしない。好きな無理しかしていない。

後藤：それでは、始めましょうか。

馬場：馬場です。よろしくお願いします。

後藤：3年前のトークでは、始まってみると「僕がふたりに質問したい」ということになって。

馬場：僕がゲストとして話すはずだったのに、逆にインタビューしちゃったんだよね。

池田：馬場さんと出会ったのはずいぶん前ですが、お会いする度にやってることや興味の対象がどんどん変化している感じがしますね。

後藤：そうそう、馬場さんの書籍（※1）のテーマは、いつも僕らが気になる関心事の一歩先に触れているんです。そこから今日のトークテーマに入りたいんですが、3年前と現在とで一番変わったことは、馬場さんが運営を始めたことだと思うんです。

馬場：そうだね。空間をデザインしたり、設計したりするだけでなくて、空間を自分で運営し始めたのが、僕にとっては一番の変化だった。完成したものを誰かに「はい」って手渡すのと、その空間にずっと関わり続けるのとでは、こんなにもモードが違うのかということを今まさに経験し始めているかな。ふたりはもう経験していることだけどね。

後藤：おそらく、そこに関心があったから3年前のトークで質問攻めにされたのかなと。

馬場：そうかもしれない。ふたりは、東京の中でも南青山という都会的な場所で、ベタな単語を敢えて使うと、最もおしゃれだったIDÉE（イデー）というカンパニーにいて。抜群にデザインもうまいし、センスもいい。そんなふたりがいきなり新潟の雪深い山の中でカフェ＆ドミトリーを始めますって言うから、「やめとけ！大丈夫か？」と思ったのが最初の印象。でも行ってみたら、なんて言うんだろう、淡々としていたんだよね。「宿を始めたぜ」という気負った感覚はまったくなくて、自分の家の一部や寝床を開放していますっていう雰囲気だった。その時に「この力の抜け方ってありなんだ」って思ったのはよく覚えている。そして同時に、3年前の僕は、それが羨ましかったと思うんだよね。ふたりは先に、デザインしたりつくったりするだけの側から、つくった後もその空間に関わり続けるという選択肢を自ら選んで、もちろん本人たちは頑張っていたと思うけど、僕からは淡々とやっているように見えた。それを見て、空間に関わることって肩肘張って始めるものではないんだと思った。

池田：キーワードは「無理しちゃいけない」なんです。もしかしたら今も無理してるかもしれないけど、好きな無理しかしていない。嫌な無理じゃない。

馬場：ああ、なるほど。

池田：体力的には無理しているけど、自分が受け入れられる程度の無理だし、嫌なことはしていないんですよね。

後藤：今回もインタビューモードになっていますね（笑）。

馬場：あ、ごめん（笑）、でも興味深いんだよね、ふたりの生態が。それで、食べ物も美味しかったし、独

ゲスト：馬場正尊（建築家／Open A 代表／東京R不動産ディレクター／東北芸術工科大学 教授）
モデレーター：瀧内貫（「まちの教室」ディレクター）
聞き手：後藤寿和、池田史子（「gift_lab GARAGE」「山ノ家」主宰）

※1 馬場正尊さんの書籍に、『都市をリノベーション』『RePUBLIC 公共空間のリノベーション』『PUBLIC DESIGN 新しい公共空間のつくりかた』『エリアリノベーション：変化の構造とローカライズ』『公共R不動産のプロジェクトスタディ：公民連携のしくみとデザイン』などがある。

特な空気を味わって帰ったんだよね。多分、僕はうっすら空間の運営に興味を持っていたし、今後ちゃんと仕事をしていこうとするならば、いわゆるつくる側だけにいるのではなく、何かをしなければいけないことに気づいていたのかもしれない。でも行動するきっかけが見つからない状態の時に、「山ノ家」を訪れたのではないかという気がしてきた。いいきっかけだったと思います。

空間の当事者になるということ

馬場：それで、僕はどんな空間の運営をしているのかというと、高円寺の古い建物を利用したシェアハウスの設計をしたんです。下宿のような雰囲気をできるだけ残しながら、畳は残して、水周りはきれいにして、かなり控えめのデザインにした。でも、それを運営するシェアハウス管理会社が見つからなくて、じゃあ自分でやろうかなって。それが「山ノ家」に行った翌年くらい。それで高円寺の小さなシェアハウスの運営を始めた。

大家さんが面白い人だったから、人を呼んで、共有スペースで今みたいに話を聞いたりしたのが最初。このシェアハウスの運営はある意味、外的要因できっかけをもらったんだけど、次にシェアオフィスの運営を始めたんです。1年半くらい前、大きなスペースだけど窓のない変わった空間の設計をすることになった。でも、この建物を埋めるには大変だという話になって、だったら自分たちが引っ越して運営をしながら使おうかって。事務所を引っ越さないといけないタイミングでもあったし。だから今のオフィスは、浅草橋の古い建物で……、

後藤：検索したら出てきます？

馬場：いや、あんまり出てこないかも。そうか、手掛けたいろいろな施工例やプロジェクトを発表してるけど、自分のオフィスのことは発表していないな。「ずっと工事中のままでいいや」って気持ちで「Under Construction／Un.C.（アンク）」というシェアオフィスを浅草橋で始めました。今は40人くらい働いてい

るかな。

池田：元々、Open A自体がシェアオフィス的な場所でしたよね。

馬場：そうだね。それをより開いた感じかな。そして去年、宿泊施設の運営も始めました。「公共R不動産」という取り組みを進めているんだけど、静岡の沼津市役所から市内にある青年自然の家を、ぜひ掲載してほしいと依頼が来たんです。それで見学したら、結構いい場所で。僕たちが手を挙げて、リノベーションをして宿を始めた。それが、泊まれる公園「INN THE PARK」。「IN」を「INN」という表記にしてます。

池田：INNは旅籠（はたご）という意味ですよね。

馬場：そう。施設の目の前が大きい公園で、フラードームを木から吊っていて、この中に宿泊できる。あと古い建物をリノベーションして、そこも宿泊施設にして運営をしています。

池田：いつもお忙しそうですが、現地にも結構行っているんですか？

馬場：行くよ。運営は委ねたりしているけど、立ち上がりの調整は現地でしたり、来週も行くし。見たことのない宿をやろうとしたら、自分でやるしかなかったというか。大げさな言い方になるかもしれないけど、空間に対する関わり方をシフトチェンジしなければいけないことを、3年前にふたりを見て確認した。それで自分でも始めている感じかな。

池田：私たちが「山ノ家」を始めた頃は、都市生活と田園生活を行き交う「ダブルライフ・ダブルワークの暮らし方」という側面のみで取り上げられることが多かったんですね。でも今の馬場さんの話で、自分たちつくる側が運営する側になって空間を使ったのはまだ珍しいことだったんだなと。
例えば今、誰かが宿とかカフェをつくることになったら、全然違う角度から自分たちが伝えたり、サポート

浅草橋のシェアオフィス「Under Construction ／ Un.C」

静岡・沼津の宿泊施設「INN THE PARK」
©TAKAYA SAKANO

できることはたくさんありそうです。これまでいくつもカフェやスペースのデザインをしてきたけど、時代の雰囲気に合わせた切り口の提案はできていても、もっと細かい日常的な使い勝手とか、使い手、運営側の視点があったかというと、どうだったかなと。自分たちがその立場になったことで、今はまったく逆の視点から空間を見ることができていることに気づきました。

馬場：その辺はふたりの天性の勘みたいなもので、新しいカッティングエッジに居ちゃうんだろうね。

池田：IDÉE時代の同僚からも「なぜ突然、里山に行って宿なんかを始めたのか分からなかったけど、ようやく分かった」と最近言われて。本音を言うと、私たちも分からないままやっていたけど、こうして周りの方々が分析してくださったり、こういう気づきがあったと言ってくださると、逆に教えられることが多々ありますね。

馬場：空間や時代に対する本能みたいなものが働くんだと思うんだよね。

池田：ふたりとも考える前に走っちゃうんです。理由は後付けで考えたり、もしくは時代が理屈をつくってくれるというか。

馬場：僕はどっちかというと、ジャーナリスト気質が強いんだよね。元々、ずっと編集をしていたこともあって、状況に興味があるというか。だから、好むと好まざるとに関わらず、僕は本能のままに走れるタイプではないということが分かってきた。そういう目線から、なぜ「gift_」のふたりも、僕も空間の運営側に回ったんだろうということを、よく考えたり、記述したりするんです。

それで、僕は最近「工作的建築」という言葉を使っています。これまでまちや空間や建築は、計画する→つくる→使うという順でできていたけど、今はモードが変わってきている。僕が出会う人は、計画する人よりも使っている人の方が、吹っ切れて面白い人が多いことに気づいたんだよね。

ふたりみたいに場所を探し、とりあえず使い始め、使いながらつくって、後で考えてみて、それを計画にしている。だから、使う→つくる→計画するって、まったく逆の順番に変わってる気がするんです。しかも、その三者の境界やキャラクターもどんどん曖昧になってきている。だって、つくるし、使うし、設計やデザインもするけど、一つの主体でしょ。そういう統合された職能って、近代にはなかった気がする。昔はあったけど、近代化は機能細分化、職能細分化の歴史だから、失ったんだよ。その分業された職能が、今から再統合される気がするんだよね。

それはAIの流れも関係すると思うんだけど、結局、現場で存在したり、つくったり、使ったり、エグジスタンス（存在）していることの重要性。つまり、「いま」「ここ」でこういう空気を共有していることがどんどん重要になっていく。デザインだけをしていることの意味が相対的に下がっていく気がしているんだよね。ということは、使う側にいた方が、今後は面白いし、本当に面白い計画やデザインをしようと思うのならば、使う側にいないとダメなんじゃないかと。空間の当事者にならない限り、よそよそしいデザインをしてしまうんじゃないかとか。だから、計画・設計する人間として、責任を取らないといけないと思う。

後藤：使っている人は、責任を取っている人でもある。

馬場：そう。僕は分析癖があるからさ、そういう「潔さ」がいるんじゃないか、自分が空間の当事者になろうとしたり、誰かが当事者になって面白いことの意味は何なんだろうって考えて、それを「計画的なデザインや建築」でなくて「工作的なデザインや建築」って言ってみた。そこに自分を合わせていっている。

後藤：つくりながら考える。

池田：確かに私たちは、計画的というよりも工作的。

馬場：走った後に振り返っているよね。そこはやっぱり空間に対する本能だと思うんだ。

池田：じゃあ、私たちの「つくる」ことのベースは何かと聞かれたら、やはり「空間」なんですよね。空間づくりが本業なのは変わらないんですが、現場にいることが多くなっている。

馬場：池田さんや後藤さんの感性に触れる何かがあって、その振れ幅の大きいところに吸い寄せられるように行っているんだろうね。新潟の山奥によく行くなあと思うけど、その本能に抗えないというか。

後藤：物理的な距離ではないものを感じたんです。東京から何㎞という距離の話ではなくて、まったく違う環境の意味や面白さ、可能性。その時点でも「地方」とか「地域」が、面白い活動のキーの一つになるんじゃないかという流れはあったけど、それが自分ごととして面白いかは別の話だった。でも震災が大きなきっかけで、一気に自分ごとになったというか。あとは、そこにたまたま空き家があったということで。

馬場：「タイミング」と「出会い」と「場所が呼ぶ」ことってあるよね。その天・地・人が揃った時に必然的に動かざるを得ないことってあるんだと思う。

池田：これも後付けになるんですが、私たちと馬場さんとの関わりのなかで、やっぱりCET（セントラル・イースト・トーキョー）での経験は大きいと思うんです。いわゆるローカルとの出会いとか、空間をオーダーされるだけではなく運用側にもなっていた。その体験が自分たちとしては原点だったなと。

里山であろうと、都市のローカルなエリアであろうと、やっていることはじつはあまり変わっていなくて。地域という存在と対話をしながら現場をつくっていくのが、工作的な行為の原点だったかもしれないですね。CETの展示は1〜2週間だけど、短期間に自分たちで空間をつくりこまないといけなくて、でも元手もないし、完成後に運用もしないから返ってくるリターンもない。だから、どれだけ費用をかけないで、自分たちらしい空間にするかという力は鍛えられたかもしれないですね。

馬場：そうかもね。ただの空き物件を1週間だけギャラリーに変える訳だけど、何十カ所もあったからね。

本当によくやったと思う。じつはさ、東京R不動産の原点でもあるんだよね。そこで空き物件を貸りられるようにするために、どんどんR不動産に掲載していった。

池田：「3331 Arts Chiyoda（秋葉原から徒歩圏の旧練成中学校を利用して誕生したアートセンター）」だって、CETがなければ生まれていなかったですよね。

馬場：そうだね。それがもう15年前か。工作的に空間をつくる楽しさ、ダイナミズムというか。それが起こることによって地域が変わっていくことのリアルは、確かにあの時に感じたな。

池田：地域に代々住んできたおじいちゃんとか、日常生活でそれまで接点のなかった、その土地の歴史を背負って生きてきたような人たちと、大学生から40代くらいのクリエイターたちとの間に対話が生まれて。

馬場：15年前だけど、プロジェクションマッピングもしていたよね。

池田：当時はプロジェクションマッピングって言葉もなかったくらいですよ。

馬場：そこにさ、東京オリンピックのロゴをつくったデザイナーの野老朝雄さんもいたんだよ。彼が、うちの事務所の前で落書きしてるわけ。子どもなら地面に落書きして、けんけんぱとか遊んでも大丈夫だけど、大人が道路に落書きをするのは果たして犯罪になるのか、どこまでなら許されるのかなって、この時は実験してみたんだよね。

運営とは、日常の延長にあるもののこと

後藤：その時から「公共」のことを考えていたんですね。

馬場：そうだね。今はこんなこと絶対にできない（笑）。だから、大きな実験だったんだな。

池田：まちを使わせていただいて、壮大な実験でしたね。

馬場：冷静に考えると、すごいよね。野老さんに始まり、CETのグラフィックのデザインをした佐藤直樹さん（デザイナー）は、この後「セブンスター」のデザインもしてるからね。コピーライティングをした原田マハさん（小説家・キュレーター）は、山本周五郎賞を取って、一昨年は直木賞の最終選考にまで残った。

池田：当時、ボランティアスタッフをやってくれた大学生たちも、今ではどんどん面白い現場をつくっているし。「何もないけど、何でもある」現場だったから、「何をやってもいいけど、その代わり自分でやる」がルールでしたよね。

後藤：こういう場で「山ノ家」の話をする時は、だいたいCETの話から始めるんです。イベントを毎年やればやるほど、アトリエや建築事務所を借りる人が出てきたり、ギャラリーやカフェができたり、自然発生的にまちの風景が変わっていくのが一番印象に残っている。それが自分たちの活動の原風景だという話をします。まちにどう関わっていくかという時に、まちの風景が変わっていくためのきっかけをつくる行動ができればという思いはいつもある。

馬場：その説明のしかたは僕も構造的に同じで、2016年に『エリアリノベーション　変化の構造とローカライズ』って本を書いたんだよね。その冒頭はCETから始めた。あの頃は実験していただけだし、アートと空間が組み合わさることで変わっていくことが楽しくてしかたがなかっただけで、まちがどうとかってほとんど考えてなかったじゃない？でも10年続けて、冷静に振り返った時に、まちの様相が変わっている。ということは、これは新しい時代の都市計画の方法論なんじゃないかって気づいてさ。僕もその原点はCETにあると思ってる。

池田：スクラップ&ビルドじゃなかったのが、一番良かったと思っているんです。もともとあったものは、そのままなんですよね。そこにあった営みや文化はそのままで、そこに若手のクリエイターという新しいレイヤーが被さっただけ。古きも新しきも、互いに存在を認め合いながら、キャッチボールをしたりしながら、「いま」「ここ」のまちを形成していて、結果的にイノベーションになっていた感じですよね。

馬場：そうだね。近代は、一旦壊して、ものすごく新しくて、かっこよくて、収益性の高いものをつくることが求められていたと思うんだけど、僕らはそれに飽き始めていて。この時は正直、地域の文化って面倒くさいものだと思っていた。僕自身、佐賀県の伊万里の商店街のたばこ屋で生まれて、地域のしがらみから逃れるように東京にやってきてるから、そういう意味では距離をおいていたんだ。だけど、日本橋とか神田って東京の中の地方都市みたいな場所に関わることを恐れる必要はなく、無理に関わりすぎなくてもいいんだって思った。適度な距離感。さっき言った「レイヤー」っていいよね。ふわっと覆いかぶさるくらいの程度でいいってことを覚えたね。

池田：そうなんですよ。自分は自分でいても大丈夫なんだって。だから「山ノ家」でも、なるべく自分の日常のありのままでいればいいのかなと。

後藤：「日常」って言葉が出たので思い出したんですけど、CETでやってたことは「非日常」だったんですよね。そして、8年続いた非日常のイベントとしてのCETが終わる時の理由は「非日常から日常へ」でした。だから、その後も日常という言葉は自分たちのなかでもずっと残っていたんです。CETでやっていたことを短期間のイベントとしてでなく、日常として日々淡々とやったらどうなるんだろうってことを、「山ノ家」ではやっているんだなと。

馬場：あぁ、なるほど。ゆっくり引き延ばす感じ?

後藤：そうですね。そこから無理やりつなげると、「運営」ってそういうことだなと。イベントとはちょっと違う。

馬場：自然に日常化していくってことなのかな。デザインに対するモードとかスタンスって変わるもの？

池田：どうでしょうね。以前は、「構想」していたと思うんです。コンセプトから入っていたというか。そういう意味では、今は現場ありきですね。観察のしかたは変わったかもしれないし、生業をする主体者としてクライアントを見るようになったかもしれない。それまでは、「かっこいい空間がほしい」とオファーをするクライアントのライフスタイルを観察したり、求めることを聞いてデザインしていました。でも今考えると、それってすごくコンセプチュアルだったなと。

馬場：面白いね。僕らはコンセプチュアルなデザインがカッコイイと思っていたし、そこの切れ味で勝負しなければいけないという呪縛が強かった。でも、今考えてみると、必ずしもそれだけではないというか。それこそ日常の延長というか、普通のことの延長線上にすっと自然に立ち上がるデザインをつくりたいと思うようになった気がするな。

後藤：完成度の考え方が変わったんです。完成図を描かなくなったというか、逆に言うと完成させないと言ってもいいんですけど。ここもそうなんですけど、常に何かが起こる箱って、あんまりつくり込みすぎるとそれができなくなる。馬場さんのオフィスもそんな感じだと思うんですよね。

馬場：そうなんだよね。他者というか、ノイズを受け入れない空間になっちゃうんだよね。いろいろな人たちの考えとか、雑念とか、ノイズみたいなものが、適当なところで調和しているのがちょうどいいかなって。「どうだこのデザイン！」みたいなのは、もういいかなって思ってきているかな。ただ、全体の空気の調和みたいなものをデザインしている気はするんだけどさ。

池田：コンセプチュアルなデザインをしていた頃って、今思うととても身勝手なんですけど、与えられた条件を見て、こちらで物語をつくってしまっていましたよね。それが仕事だと思っていたし。その物語に対して空間をつくっていた気がするんです。だから、ストーリーやコンセプトを体現した空間はつくれていたと思うんですが、それが使う人と100％フィットしてるかは別で。例えば、オーナーとはフィットしてたとしても、現場を運用するスタッフにはフリクションが起きていたこともあったかもしれない。そうは言っても、私たちはもともと、圧倒的なデザインとか造形美というより、そこで何かが起こっていく舞台装置みたいな空間をつくっていたので、その方向がより強くなっていった気がしますね。

どこに行っても日常は壊れないという確信を持って、軽やかに動く

瀧内：お話を聞いていると、その変遷の理由ってどこにあるんだろうと。時代なのか、つくっている人たちが年齢を重ねてきたからなのか、どういう理由でそういう変化が出てきたんですか？

池田：もちろん、年齢的なものもあると思います。どうしても20〜30代くらいって、クライアントからのオーダー仕事でも、「自分の作品をつくらないと」みたいな思いってあると思うんです。ただ、どういう職種でも、年齢を重ねたり、家庭を持ったり、ある段階から違うフェーズに移ることってあるのかなと。

でも、私はやっぱり時代かなと思います。東日本大震災があって、東北に比べると東京の被害は少なかったものの、私たちの中ではかなり意識の変化があった。数日だったけど、インフラも機能しなくなったし、都市の脆弱さを痛感しました。日々生きてくための食べ物もエネルギーも都市の外から供給されていたことを改めて感じたし、都市だけに自分たちの軸とか、根があっていいのかって、あの時に初めて思ったんですね。

それまでずっと都市的なものが好きだったし、そういう仕事もしてきた。人間が生きていくためのエネルギーを生み出す現場との関わりをまったく考えないで来たけど、そこでガラッと変わった。その3ヶ月後くらいに「山ノ家」の話がきたんです。だから、いつの間にか主体者になっていたというか。実際に、時代が田園回帰を求めていたんじゃないかなと。現場に立ち返るというか。

馬場：後藤さんもそんな感じなの？

後藤：一番大きい理由は、「非日常的なもの」が逆転してしまったというか。3.11以降は、「日常的にはあり得ない」という考えが通用しなくなった。非日常的と思っていたことが目の前に現れてしまったのが大きいと思う。もう一方で、前段階で僕らが取り組んでいた「treasured trash」がありますね。

池田：「treasured trash」について補足すると、IDÉE時代に異業種のクリエイターたちに一つのテーマを設けて展覧会をやったんです。まだそんなにエコブームが起きてない頃に、エコロジーをテーマに取り上げた。「treasure」は動詞としては宝物にするという意味、「trash」はゴミ、直訳すると「宝物になったゴミ」。ゴミだと思っていたものを宝物にする、つまり「ゴミの資源化」なんですが、最初に取り組んだのは1997年で、その約10年後に青山・原宿界隈でやっていた「DESIGNTIDE」のメイン会場で、ようやくエコが盛り上がってくる前夜のようなタイミングでもあったので、敢えて同じタイトルでこの「treasured trash」展をやらせていただきました。

「treasured trash」には、1998年の時点から「視点を変えたらコウナッタ」というサブタイトルをつけていたんです。その時から、ぼんやりと「視点を変えること」について考えていたんだなと。だから、地方に価値が見い出せなくて、みんな都会に出たいと思っていたけど、地方もアリなんじゃない？と思えたんだろうと。「treasured local」、日常とか、現場とか、地域とか、そういうものはネガティブなものではないのではないか、地方は宝物にできるのではないか。そういうことを「山ノ家」以降、やり続けている気がしますね。

馬場：そうか。「treasured trash」もアティチュード（態度）だったと思うんだけど、そのモードがそのまま生活自体になっているんだね。抽象化されて生活自体の「treasured trash」になっていったというか。物質じゃなくて、スタイルや場所になっていたんだろうな。ふたりの新しいライフスタイルは、いいものを所有しているよりも、いいことに関わっていることがハッピーという価値観に気づいたということじゃないかな。そのモードチェンジをした世代は、もはやいいものを持ちたいとは思っていなくて、いいことに関わっていたい。ものについても、背景にあるストーリーとか、このものが介在することで関われる何かのほうに価値を見い出しているかもしれない。その気づきがあるあたりから、デザインが変わっているのかもしれない。だとするならば、いろいろな人や状況が介在するデザインが、もしかしたらいいデザインなのかもしれない。

後藤：要因は複合的というか、辿れる道は一つじゃないですよね。

池田：あとは、インターネットの個人発信で「つながり」があっさりとつくれるようになったという時代背景も大きいと思います。逆説的ですが、田園回帰が可能になったのは、インターネットのおかげだと思うんですね。例えば、20〜30年前に越後妻有の里山で空き家を活用してと言われても「え？」ってなっていたと思うんですよ。物理的に断絶されてしまうようなイメージを持ってしまったと思うんです。でも、今って田んぼの脇にいてもアメリカやアフリカの人ともミーティングができてしまう。どこにいてもつながることができるという背景が、人を田園回帰させたのかなって。自分の日常はどこに行っても壊れないという確信を持って、軽やかに動けるようになった。場所とかものとか、かたちに縛られなくなってきていますよね。

馬場：それはそうだね。場所はあるし、能動的に選択できる。でも、ある意味、心の底から関わりたいものには縛られたくなったりする訳だよね。池田さんも無理しなくなったと言っていたけど、力は抜け始めているんだよね。

池田：震災で価値観の変化があったけど、個人的なことでは2010年にガンの手術をしているんです。現時点で末期でも初期でもないから、どちらにも転ぶと言われて、生と死というものについて考えましたね。でもその時に何が起こったかというと、あまりこだわらなくなったんです。それまでは自分のこだわりに忠実で「まあ、いいか」なんて絶対に言えなかったんですけど、それ以降は言えるようになった。さらにその翌年に大震災が起きて、素に戻ったというか。それまでは、いろいろな仕事をしているうちに鎧を着ていたのかもしれない。それは自分を守ったり、やってきたことの勲章だったのかもしれないけど、それも「まあ、いいか」と思えるようになった。だから、「きっかけは何だったのか」と問われると、今みたいに一つずつ辿ればいろいろあったけれど、大きくはインターネットも含めた時代の流れがあったのかなと。

19～20世紀に都市の過密化が進みすぎたのは事実で、その進みすぎたエネルギーはどこかで押し戻しがあるはずで。やっぱり21世紀は、どう転んでも田園回帰にいくだろうと。それは単純にみんなが農民になるということではなくて、それぞれのかたちで原始化みたいなことが行われていくんじゃないかと。逆説的に、テクノロジーの進化がそれを後押ししていると思うこともあります。

よそ者の視点で自分のルーツを見ること

瀧内：そうした変化の中で、地方の現在地として二つの軸があるような気がしますね。一つは、誰かから与えられるものじゃなくて、その人にとっての自分ごとに向かっていく感じ。もう一つはフィールドとしての変化というか、デザインされる対象として地方が見られている気がします。一方はすごくいいことで、そこに関わることで価値観が変化していくけど、もう一方はまだスクラップ&ビルドの延長線上にあるような気もするんですね。「これをデザインしていて、つまらなくなったから、次はこれ」みたいな延長に「地方」があるんじゃないか。ここから先はどう変化していくのかなと。

馬場：それについては、「考え中」というのが正直な答えかな。数ヶ月前に『CREATIVE LOCAL エリアリノベーション海外編』という本を出したんだけど、それは世界に「衰退の先の風景」を探しに行ったんだよね。瀧内さんが言ってることの感覚は僕も分かっていて、都市のオルタナティブとして地方があるわけではきっとないだろうと。ただ、抽象的な言い方だけど「面白いこと」。具体的な何かをグリップしている感覚を、僕は最近の東京で掴むことができていない。こんなに都会に憧れて田舎から出てきたのに、いろいろなことが予定調和。そういう意味では、まだ計画的に物事を進められるのが東京なんだなって。

池田：私もその真っただ中にいたはずなのに、企画書が読めてしまう物件とかプロジェクトを見るとお腹いっぱいというか。最近はそうした思いをより強く感じています。

馬場：そうなんだよね。それは拡大再生産だし、それが仕事だとも思う。でも、未知の何かに突っ込んでいって、何かを掴んで帰って来る感じは、東京ではなくなっている。次はどのまちが面白いかと東京を眺めた時に、分からなかったんですよ。僕は東京のどこに何を面白がっていいのか分からなくなっているんじゃないかと思って、立ちすくんだ。そうなったら、まちとか場所じゃなくて、何か違うフェーズはないかなって。今のオフィスは偶然、馬喰町ってだけで。

後藤：インナースペースというか、心のありようをどこに置くか？

馬場：そうそう、そんな感じ。比喩的に言うと、今の事務所も窓がないしね。そういう時に、違う何かを感じさせたのが、自分が育った田舎だったんだよ。地元の佐賀で仕事をし始めているんだけど、JR長崎本線に乗っていたら、麦畑が広がって、そこに夕日が沈んでいる。毎日自転車で通っていた「ここから抜け出してやる」と思っていた風景なんだけど、とてつもなく美しくて。なんか涙が出てきてさ。「なんだこの感覚」と思って、戸惑ったんだよね。そういう突き抜けた何かを探しに行きたくなった感じがあって。

池田：さっきの「視点を変えたらコウナッタ」じゃないですけど、「よそ者」だからこそ見える風景ってありますよね。馬場さんも一度「よそ者」になったからこそ、別の視点で感動しているのかもしれない。じつは元々、ものすごくいいものがいっぱいあるんですよ。だから、教えてあげたくなっちゃうんですよね。ずっとそこで暮らしを営んできた人たちは見慣れているから、「こんなに素敵！」と言ってあげられることは、自分のモチベーションになっているかもしれない。

だから「よそ者」って大事。みなさんにもなるべく縁のないところにどんどん行って、それぞれ宝探しをしてほしいと思っています。観光そのものも、そういうかたちに変容してきているのかなって。神社仏閣や歴史的な素晴らしい遺産を見るという観光だけではなくて、その土地での日常体験の観光も増えている。自分が日常を営んでいる同じまちの中でも、違う職業に触れてみるとか、異なる視点があれば、それは今までと違う景色に映るかもしれない。

馬場：あと、最後に言っておきたいのは、かと言って、どこかに完全に定着する覚悟とか、気持ちはまだないんだ。それは僕の性格やキャラクターかもしれないけど、長くステイする旅人のような感じは捨てきれないところはあって。今は地元でも仕事を始めたし、実家のたばこ屋が空き家だから、実家で何かしようかなって思い始めたときに、この空間を見て「いいなあ」って思った。ただ、自分の実家なんだけど、旅の途中の一つの場所みたいな感覚もあって、まだ整理がつかないんだけどさ。

池田：「山ノ家」もある意味、自分の中でいい意味で異物として存在しているというか、「live」じゃなくて、長めな「stay」みたいな感覚。私は出生こそ東京なんですが、地方で育って、大学でまた東京に戻ったんです。馬場さん同様、地方で暮らしていた自分を省みないできたんですけど、ルーツというか、もともとの営みに立ち返ることが怖くなくなったということはあるかもしれないですね。

馬場：そうだね。自分の生まれた家や育ったところに回帰することにものすごく覚悟がいるんじゃないかとドキドキしていたんだけど、そこに一回タッチダウンしてもなお自由なままでいていいのではと思い始めてきているというのはある。ただ、責任を取るキャパシティはでき始めた気もする。自分の地元に戻ることは怖かったんだけど、少し怖くなくなったみたいな感じかな。ゆっくり付き合えばいいんだって思ったりとか。

池田：今後もいろいろなかたちで関わり続けると思うんですが、確かにそこに骨をうずめるのかというとまだなんだろうなって。瀧内さんの問いの答えになっているでしょうか。

瀧内：単純に、その先に何があるんだろうなってことが気になっています。

後藤：逆に「これからの時代はこれですよ」って言われたら、それこそ嘘っぽいですよね。

瀧内：こうやって結論を出さないのもいいのかもしれませんね。

馬場：場の空気がそうさせているっていうのもあるからね。でもさ、この「3年」って面白いと思う。何かが変わるには十分な時間で、気づきがかたちになるくらいの期間でもあるなと。逆にこうやって3年ぶりに振り返る機会ってあまりないので、また3年後に呼んでよ（笑）。

瀧内：これをまとめるのは、大変そうだな。

馬場：でも、この散らかっていく感じがいいんじゃないかな。こういう感じで自由に話すことってあんまりないから、予定不調和な対話で面白かったね。

後藤：ありがとうございました！

2019/07/20@木崎湖「ALPS BOOK CAMP」―エピローグ

話し手：後藤寿和、池田史子（「gift_lab GARAGE」「山ノ家」主宰）
モデレーター：瀧内貢（「まちの教室」ディレクター）

「ダブルローカル」とは、いわゆる二拠点居住ではない

池田：「山ノ家」を始めてから7年が経とうとしていますが、これまでの2015年と2018年の対話を経て、「ダブルローカル」についての定義が自分たちの中でもどんどん変化、変容していっている感じがしています。

後藤：そう。対話によって気づかされた部分もありましたね。

池田：複数の拠点で自分の居場所をつくることは、一般的になりつつあるのかなと思っていて。別荘のような場を持って、週末、あるいは月に一度行くという方も昔からいるし、ノマディックに動ける人が、拠点を定めずに動くケースもおそらく増えている。もう一つ、メインの場所以外にオルタナティブな場所を持つ、例えばタイムシェアのオフィスや、自宅はあるけど別の場所ではシェアハウスに暮らす、みたいなこともあるかもしれない。そうした中で、私たちが始めたこと、やろうとしていたこと、これからやっていくかもしれないことは一体何なのか、考え直してみたいなと。

瀧内：いわゆる二拠点居住の話とは、ちょっと違いますよね。二拠点居住というのは、例えばクリエイティブ関連職の人が、東京に住まいも仕事も拠点を持っていて、それプラス地方で、その地域の仕事を手伝ったりという、二拠点となる場所に主従関係があることが多いですよね。

でもおふたりは、新潟・松代に「山ノ家」というカフェ&ドミトリーがあって、東京・清澄白河にも「gift_lab GARAGE」というデザインスタジオ、カフェ、ギャラリー、ショップがある。じゃあ従業員がたくさんいるかというと、

池田：今は、ほぼふたりで。

瀧内：ほぼふたりでまわしている。相当根性の入ったというか、気合の入った体育会系手段で、自分の体力のみで二カ所をまわしまくっているような状況ですよね。いわゆる軽やかな二拠点居住とは全く異なっているかなと。

池田：そうですね、体力勝負な日々を送っています。当初は、都会と里山をちょっとずつ行き来することをイメージしていたんですが、カフェと宿屋を経営していくことは、これまで自分たちがやってきたクリエイティブワークとは全く別の筋肉がいる訳で、カフェや宿屋の運営が〝日常〟になった時に、ああこれも自分たちのもう一つの生業になったんだなあと。それぞれの場所で、生業をどう続けていくか、その生業をどう周りの人たちにつなげていくか、そのストラッグル、日々の格闘を楽しむというか。

「場の運営」も含めて空間をつくること＝新たな生業を始めること

後藤：もともとは職業柄、空間をつくることを志向していました。その空間をつくるというのは、設計をして、施工に立ち会って、引き渡しをして終わり。でも本当は、例えばお店だったら引き渡し後に開店する訳ですよね。「箱をつくって終わり」じゃなくて、そこに人が入ったり、時間が流れたり、状況ができて、初めて空間になるんじゃないかと。

やり方は他にもありますよね。例えば自分がバリスタだったら、誰かの場所、軒先を借りてコーヒーを淹れるとか。結局のところ、自分たちがその運営をやってみないと、本当の意味での「空間」をつくったことにならないんじゃないかという思いをずっと持っていて、その中で一番重い選択をしたんだと思うんです。運営をしていくことも含めて空間をつくることは、この先の時代、箱がいかにかっこいいか以上に、大事なことになるんじゃないかと。

池田：そうですね。今、私たちは「gift_lab GARAGE」と「山ノ家」の運営を日々現場でやっていて、例えば、この会場である長野県・木崎湖へ来るために、どちらも今日はお店をクローズしている。空間デザインの延長としての運営というときれいに聞こえるかもしれませんが、現実的には、お皿を洗って、野菜を刻んで料理をして、お客さんの寝床の準備をして、隅々までお掃除して、っていうことを綿々とやっている。

なおかつ、収入と支出のバランスが崩れれば倒産する訳で、それを毎日毎日、明日もやれるように、明後日もやれるように続けていくには、生業として成立していなければならない。つまり、ただのお店屋さんごっこでは済まない訳です。

そこまでの覚悟や決心が、始める時にあったかというと、多分なかった。というより、想像できていなかった。でも、その最中に開催された「大地の芸術祭」が終わった後に、「山ノ家」の前を誰一人通らないという現実を突きつけられて、ことの重大さに気づいてしまった。そこから都市部の人に「山ノ家」に足を運んでもらうための企画をたくさん考えてやってきたけど、きれいごとではなく、生きるためにやったところがあって。ただ、やるからには自分たちらしく本気でやりたかった。こういうことをやりたいね、やってみようって、本当に手探りでつくっていった。その中で、自然と地域の人とのコミュニケーション、つながりもできてきて。

二つの生業、二つの人生を持つこと

池田：もう一つ「ダブルローカル」で言えることは、どちらかが、どちらかの助けができるところかなと。「山ノ家」が元気な時は、東京の生業をお手伝いできたり、「山ノ家」がちょっと大変な時は、東京からサポートができたり、どっちか一つだったら、経営的にも、精神的にも行き詰まっていたかもしれない。だから、どちらも本気でやっている場があることは、大変なんだけれども、すごく貴重ですよね。

後藤：そうだね。ちょっと話を戻すと、二地域生活とか多拠点居住という言葉には違和感のようなものがあって、「ダブルローカル」という言葉を割と早く使い始めたけど、池田：「どちらもオンの、二つの地元を持つ」みたいなイメージで口にしていましたよね。

後藤：自由大学で「ダブルローカル」という講義をしたんですが、「都市か、ローカルか?」「移住か、現状維持か?」ではなくて、「ダブルローカル」とは、どれも同じ重さの愛すべき「地元」として複数の場所を行き交うこと、そして、この生活や経験を通じて得た視点のこと、と講義の案内文に書いたんです。

池田：どっちも〝ただいま〟の場所。

後藤：そう、「二拠点居住」「多拠点居住」と異なる言葉を使っているのは、単に表層的に違う言葉を選んでいるのではなく、本当に違うんだということを、だんだん確信していったというか。

池田：そう。じつは、本当に二つの生業と二つの人生を持つことだったんですよね。だから本当にどちらも真剣で、私たち自身はそれぞれ一人の人間なんだけれども、明らかに二つの人生を歩んでいる。つまり、どちらも全力で生きている人生を二つ同時に抱えていて、二つの人生が交錯したり、同時に生きていたり、その都度違うんですが、二つの地元があって、どちらにも隣人がいて、どちらの隣人ネットワークもそれなりに深いかたちでできつつあるんですよね。

「ローカル」が二つあるということ

後藤：清澄白河という東京の東側に移ったのも、外に対して開く場所をつくるんだったら、「よりまちと関係性を持てるような場所って、東京のどこなんだろう」と探していた中で、結果として辿り着いた。知り合いにまちを案内してもらっている最中に連れて行ってもらった場所を見た瞬間に、二人でほぼ迷いなく決めた。

池田：「山ノ家」と同じでしたね。

後藤：これからつくっていく、そこで起こることにわくわくする、その面白さみたいなところに、どうしても惹かれてしまうというか。

池田：清澄白河は、下町の空気感が未だに色濃く残っていて、「山ノ家」のある新潟・松代も、当然のように盆踊りとか古くからのお祭り、行事が残っているんですが、そうした地域の祭りや行事を通じてじわじわと、地元の人とも、Uターン、Iターンの若い移住者ともつながりができていく。価値観とか美意識とか生活スタイルは、正直なところ全く異なる人たちかもしれないけど、共存できているんですよね。

後藤：東京にもローカルがあることを、清澄白河に拠点を構えたからこそ実感できたというか。じゃあローカルって何だろうって思う訳です。東京以外のどこかとか、いわゆる地方と言われている地域だけがローカルなのかというと、そうではない。ローカルって、「そこにしかないものがある」こと、「顔が見える」ことなんじゃないかと。そして、その二つを持っているローカルを、さらに「ダブルローカル」として、東京・清澄白河と、新潟・松代の二箇所でやっている、ということなのかなと。

二つの場所で、いろいろなつながりが生まれている訳ですが、さらに、そのパラレルな場がつながったり行き交ったりし始めるんです。清澄白河に「山ノ家」に泊まった人が来てくれたり、その逆で、「gift_lab GARAGE」でパンフレット見つけて「山ノ家」に来てくれたり。自分たちが行き来するだけでなく、いろいろな人たちが関わったり、交わってくれることが結構あるんです。そこが面白いなと。両方の場所で開かれた場を営んでいるからこそ、自分たち以外の誰かが交わることに、直面したり体験できたりしているのかなと思います。

池田：それぞれのローカルで隣人レイヤーみたいなものが構築されてきて、その間で交流が始まっているところがありますね。

後藤：いわゆる知り合いとかご近所さんだけはなくて、たまたまそのカフェを利用した人、たまたま泊りに来た人同士がつながることもある。

池田：そういう時に、大変ではあるけれど、場を持っていることのありがたみというか、よさを感じるところはありますね。二つの場所を行き来することよりも、それぞれの場を持ち続けること、営み続けることに意味があるのかもしれないなと。そこから何かいろいろな波動が広がっていく、営みがさらにつながっていく。もともとそこにあったローカルと共生する、新しい営みのレイヤーを構築できているような気もする。でもそれはここが私たちの居場所だと、場を守り続けているからなのかなと思います。

「ダブルローカル」によって、何が見えたか

瀧内：最後に、おふたりがなぜ「ダブルローカル」を実践したのか、実践したことで何が見えてきたのかをお聞きしてみたいです。

後藤：なぜ、ですか。

瀧内：単純に考えても、大変じゃないですか。敢えて過酷な道を歩みたいとか（笑）？

池田：多少マゾヒスティックなところはあると思う（笑）。

瀧内：そっちのほうが面白いという感じ？

池田：そう。それは絶対に面白いです。多分ね、設計事務所だけだったら、遅かれ早かれ飽きていたと思うんですよ。

後藤：そうかもしれない。

瀧内：この行き交っている状況のほうが、飽きないから？

池田：二つの現実を持てるんです。それって、二倍の人生ですよね。大変だけど、こんなすごいことはないよねって。一度の人生で二つの人生を同時に生きている。あとは、視座というか視点も二つ持つことができている。東京だけだったら、東京に住んで東京で仕事している人の視点しか持てなかったけれども、それなりに過疎が進んでいる地域で真剣に生きている時って、視点とか考え方とか物の受け止め方が、地域の人になっているんです。そうした多面的な視座を得ることができた、いくつもの視点で世界を見れるようになったのは、とても素晴らしいことで、日々確かに大変だけれど、その大変さよりも、やはり得るもののほうが大きいと思っています。

後藤：それと、都市部の満員電車がいやだから地方で生きたいという考え方の人もいれば、地域で顔が知れている関係性に息が詰まるから都市部に出るという人もいる。ある状況を否定して、違う場所に行くのではなくて、

池田：私たちがやっていることは、両方にイエスなんですよね。

後藤：そう、どっちも否定しない。おそらく、純粋にスイッチを毎回切り替えることができる。

池田：オルタナティブな視点を持つことができたという言い方をしてきたけど、スイッチを手に入れたとも言えるね。

後藤：だから、大変かどうかで天秤にかけていない気がするんです。それ以上に、ダイナミックというか面白い部分が日々あることのほうが、選択肢になり得るのかなと思っています。

変化し続ける、そのままの今を切り取る

瀧内：これまでの対話を通じて、ふたりの現象や、登場される方々の現象をお聞きして、自分の中ではもやもやするところもあったんですよ。でも、このもやもやを無理に定義付けをしなくてもいいんじゃないかと。できな

いんじゃないかとも思っています。

池田：「ダブルローカル」のあり方とか捉え方とか、自分たちの中でも変化しているところがあって。例えば3年後に、どう捉えているんだろう、どう生きているんだろうって、分からないよね。

後藤：だから「今はこういうもの、こういう感じ」というかたちで、あくまで生の部分を残して切り取ろう、って話をしていました。

池田：この本は、今、このタイミングでの標本のような感じかもしれないですね。

瀧内：そういう意味では、「ダブルローカル」って目的や結論ではなくて、その「現象」を言葉として表しているのが「ダブルローカル」……？

池田：そうですね。

瀧内：「3年後の話をしよう」って、「もうそろそろ考え方が変わってきたからやりましょうよ」って感じだと思うんですよ。とはいえ、違う動きをする前に、かたちにしてみましょう、と。もしかすると、既にまた違うタームに入っているのかもしれませんが……。

池田：体感というか、ざわざわしているところはありますね。

瀧内：次の3年後の対話が、またできるといいですね。

後藤：そうですね。ぜひ。

雪融けを待つ松代

写真　林雅之

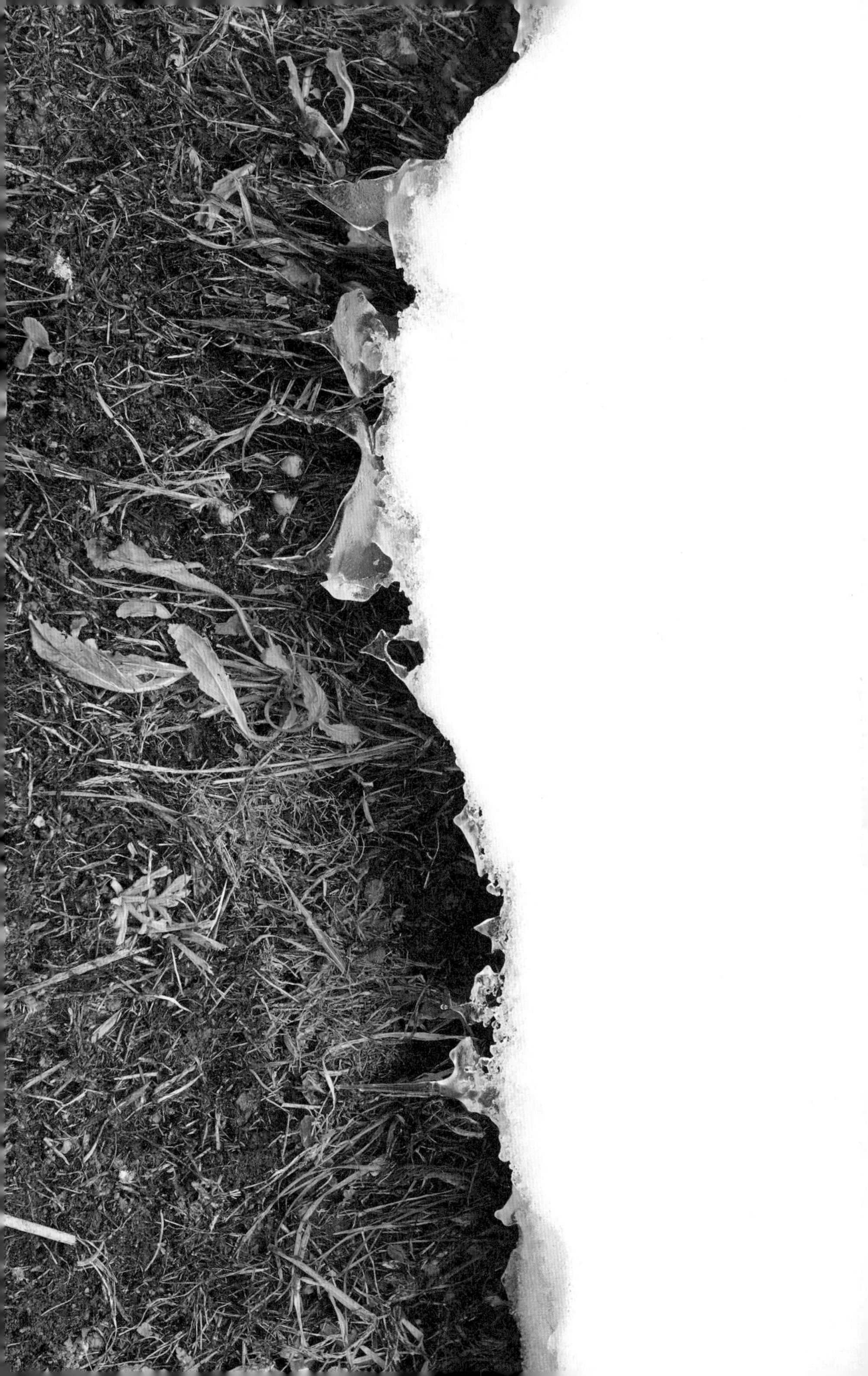

登場する方々のプロフィール

瀧内 貫
（タキウチ トオル）
1978年大阪生まれ長野育ち。株式会社コトト代表取締役、ミリグラム株式会社取締役、まちの教室 ディレクターなど。地域に根ざし、さまざまな事業やプロジェクトの伴走者として、各種広告やウェブサイトなどのデザインディレクションを手がけるほか、地域課題を整理、解決するための活動やプロジェクトに携わるなど、グラフィックデザインや空間デザイン、プロジェクトマネジメント、コミュニティデザインとその周辺を専門領域としている。

菊地 徹
（キクチ トオル）
1986年、静岡生まれ。学生時代をつくばで過ごし、卒業後、松本の旅館に就職。軽井沢のベーカリーに転職後、再び松本に戻り、2013年、コーヒースタンドとギャラリーを併設した、リトルプレスのセレクトショップ「栞日」を開業。翌年から、大町・木崎湖で、「山と本の宴」がテーマのブックイベント「ALPS BOOK CAMP」を開催。

伊藤 洋志
（イトウ ヒロシ）
仕事づくりレーベル「ナリワイ」代表。1979年生まれ。香川県丸亀市出身。京都大学農学部森林科学専攻修士課程修了。やればやるほど技が身に付き、頭と体が丈夫になる仕事をナリワイと定義し、次世代の自営業の実践と研究に取り組む。シェアアトリエや空き家の改修運営や「モンゴル武者修行」、「熊野暮らし方デザインスクール」「遊撃農家」などのナリワイに加え、野良着メーカー SAGYO のディレクターを務め、「全国床張り協会」といった、ナリワイのギルド的団体運営等の活動も行う。廃材による装飾チーム「スクラップ装飾社」メンバー、「働く人のための現代アートの買い方勉強会」の共同主催も務める。著作『ナリワイをつくる』（東京書籍）は韓国でも翻訳出版された。ほか『小商いのはじめかた』『フルサトをつくる』（ともに東京書籍）。

山倉 あゆみ
（ヤマクラ アユミ）
Sync board Inc. 代表。個人／地域／企業／行政／団体とさまざまな人々と協働しながら、プランニングディレクターとして地域伴走型の事業を展開。食農案件、ケータリング、キッチンカー、古民家レストラン、公共施設の飲食店等、食空間を楽しむ仕組みを各種展開。2017年より渋谷に誕生した生活共同体「Cift」スタートメンバーとなり、新潟、渋谷、京都、淡路島などを行き来しながら多拠点生活を実践している。

鈴木 善雄
（スズキ ヨシオ）
TAKIBI BAKERY／株式会社CIRCUS 代表／CASICA ディレクター。
東京生まれ。引田舞と夫婦ユニットとして内装設計からクリエイティブディレクション、バイヤー、イベント企画、食にまつわることや架空のパン屋「TAKIBI BAKERY」など、ジャンルにとらわれず、幅広い枠組みの中で独自の世界観を表現している。近年では新木場の大きな材木倉庫を改装した［CASICA］をトータルでディレクションし、買い付けからギャラリー企画まで担当している。

松村 豪太
（マツムラ ゴウタ）
一般社団法人 ISHINOMAKI2.0 代表理事／1974年 石巻市生まれ。東北大学法学部卒業、同大学院法学研究科修了（公法学専攻）。総務省地域力創造アドバイザー／Reborn-Art Festival 実行委員会事務局長／前宮城県総合計画審議会委員。東日本大震災で自身も被災するが、被災地からクリエイティブな地方都市のモデルを作るべくISHINOMAKI2.0 の発足。復興に留まらないまちづくりのアイデアを次々と実行に移し、まちの内外のさまざまな立場の人々をつなぎながら石巻のバージョンアップを目指す。コミュニティFM のパーソナリティ、東京永田町を会場とした市民大学「とりあえずやってみよう大学」学長など多彩な横顔を持っている。
2012年度グッドデザイン賞復興デザイン賞・第4回地域再生大賞特別賞受賞・平成27年度ふるさとづくり大賞総務大臣賞・KAIKA Awards2017 特別賞・令和元年度新しい東北復興・創生顕彰 受賞。

荒井 優
（アライ ユタカ）
札幌新陽高等学校 校長
1975年生まれ。札幌市立三角山小学校卒業後、神奈川県横浜市で育つ。1994年早稲田大学政治経済学部経済学科入学。卒業後、株式会社リクルートに入社した後ソフトバンク株式会社社長室配属。グループ企業でSBプレイヤーズ株式会社、株式会社エデュアス、株式会社さとふるの取締役を歴任・公益財団法人東日本大震災復興支援財団の専務理事を兼務、孫正義社長が行う復興支援活動の責任者を経て2016年2月より現職。

馬場 正尊
（ババ マサタカ）
オープン・エー代表取締役／建築家／東北芸術工科大学教授
1968年佐賀生まれ。1994年早稲田大学大学院建築学科修了。博報堂、早稲田大学博士課程、雑誌『A』編集長を経て、2003年Open Aを設立。建築設計、都市計画、執筆などを行う。同時期に「東京R不動産」を始める。2008年より東北芸術工科大学准教授、2016年より同大学教授。近作として「Reビルプロジェクト」(2014-)、「佐賀県柳町歴史地区再生」(2015)、「Shibamata FU-TEN」(2017)など。近著に『PUBLIC DESIGN 新しい公共空間のつくりかた』（学芸出版,2015)、『エリアリノベーション 変化の構造とローカライズ』（学芸出版,2016)、『クリエイティブローカル エリアリノベーション海外編』（学芸出版,2017)がある。ウェブメディア『団地R不動産』(2011-)、『公共R不動産』(2015-)、『REWORK』(2017-)を運営。2017年より沼津市公園内の宿泊施設『INNTHE PARK』を運営。

林 雅之
（ハヤシ マサユキ）
フォトグラファー。『VOGUE NIPPON』『Casa BRUTUS』のエディトリアルや、「コム・デ・ギャルソン」「アルフレックス」「飛騨産業」「無印良品」の家具やプロダクトの撮影、Gallery KOYANAGI (1992)、佐賀町エキジビットスペース (2000)、温室 (2009)、Spiral garden (2010)、IDÉE SHOP (2012,13,15,17)、Bunka Fashion College (2015)、aglaia Intellectual and comfort (2017) などで作品発表などを行う。写真集としては、「mannequins」などがある。2012年の夏の終わりと、2014年の冬の終わりに山ノ家を訪れ写真を残している。この本に納められているのは春分を迎える日の雪融けを待つ松代の風景。

Special Thanks

「ダブルローカル」出版化のためのクラウドファンディングにご支援をいただいたみなさまにあらためて深く感謝いたします。

CAMPFIREにてご支援いただいたみなさま（敬称略）

mammacafe151A/広瀬 新朗/小熊 千佳子/Yukie/株式会社パプリカ/岩附 辰治/米田 研一/高橋 剛/亀田トモノリ/武田 修美/高木 信行/田中 啓子/西村 佳哲/松枝 宏司/伊藤 薫/くりはら みゆき/コミュニティナースつじちゃん/希代 智子/yujisadaishi/浅井 弘樹/小倉 なおよ/Yuuki Hosaka/松島 直子/蓮尾 一郎/高野 公三子/清水 エナ/加納 久朗/岡島 梓/kobayashi koudai/Hiromi Matsumura/aeTe/『あなただけのお弁当体験』/宮路 省平/今子 青佳/Yuichiro Otsuka/コロモ書房（関谷麻衣子）/佐藤 薫/河野慎平・奈保子/NICO 小林幸太/馬場 正尊/よしざわるみ/椎名 隆行/リトルトーキョー/小口 真奈実/GASA/山食堂/原口 聡子/萬羽 昭夫/長谷川 浩己/山口 麻諭子/西 ひろみ/黒川 成樹/donbou c.w/カガリユウスケ/進藤 一茂/三輪 良恵/上野 まき子/Tomoko Sekiguchi/のり漫/東京深川最高顧問・築瀬飛露/k.tomoko/原口 美恵子/齊藤 忍/sawako/相田 芽美/Yutaka Ikeda/5×緑/ほか60名のみなさま

ダブルローカル

複数の視点・なりわい・場をもつこと

発行日	2020 年 3 月 31 日　第 1 刷発行
著者	gift_ 後藤寿和 / 池田史子
発行者	小黒一三
発行所	株式会社木楽舎 〒 104-0044 東京都中央区明石町 11-15 ミキジ明石町ビル 6F TEL:03-3524-9572 http://www.kirakusha.com
編集	増村江利子
ディレクション	瀧内貫（株式会社コトト）
ブックデザイン	株式会社コトト
写真	林雅之
撮影	忠地七緒 p3、p11
制作協力	tsugubooks、小口真奈実、越智風花、小林稜治、杉田映理子、岡島梓
印刷・製本	藤原印刷株式会社

ISBN978-4-86324-146-6